योग सागर

कविताओं में आसन प्राणायाम और ध्यान

डॉ. मुकेश अग्रवाल

अनुक्रम

अष्टांग योग के आठ अंग   (75-101)

हठ योग के छः अंग   (102-118)

लोकप्रिय आसन   (119-140)

योग के अन्य तत्व (213-231)

योग और आयुर्वेद का संगम (232-246)

आधुनिक युग में योग का प्रभाव (249-285)

मन की बात

योग, शब्द की सरलता से कहीं अधिक, एक जीवनशैली है, एक ऐसा विज्ञान है जो मन, शरीर, और आत्मा के बीच एक निरंतर संवाद स्थापित करता है। जब हम योग की बात करते हैं, तो हम केवल शारीरिक आसनों की बात नहीं करते, बल्कि हम एक ऐसा समग्र दृष्टिकोण प्रस्तुत करते हैं, जो हमें आत्म-समझ, आंतरिक शांति और जीवन के हर पहलू में संतुलन की ओर अग्रसर करता है।

इस काव्यसंग्रह "योग सागर: कविताओं में आसन, प्राणायाम, और ध्यान" में योग के विभिन्न पहलुओं को कविताओं के माध्यम से प्रस्तुत किया गया है। हर कविता में हम योग के विभिन्न आयामों का अनुसरण करते हुए उसकी गहरी प्रभावशाली यात्रा पर चलने का प्रयास करेंगे। योग के शास्त्र, आसन, प्राणायाम, ध्यान, और हर वह तत्व, जो हमें शारीरिक, मानसिक और आध्यात्मिक रूप से सशक्त बनाता है, वे सभी इस संग्रह का हिस्सा हैं।

महर्षि पतंजलि से लेकर स्वामी रामदेव और सद्गुरु जग्गी वासुदेव तक, प्रत्येक योगी ने योग के माध्यम से अपने जीवन को एक उच्च स्तर पर पहुँचाया है। यह काव्यसंग्रह उनकी शिक्षा, दृष्टिकोण और उनके योगदानों का प्रतीक है। यह कविता संकलन उन सभी के प्रति श्रद्धा और आभार की अभिव्यक्ति है जिन्होंने योग को अपनी साधना का रूप दिया और उसे आज के आधुनिक युग में भी प्रासंगिक बनाए रखा।

कविता के माध्यम से, हमने योग के दर्शन को सरल और सुंदर रूप में प्रस्तुत करने का प्रयास किया है। हर कविता योग के तत्वों को जीवित करती है, चाहे वह आसन हो, प्राणायाम हो, ध्यान हो, या फिर जीवन के अन्य पहलू, जिनके द्वारा योग हमें जीवन को सही दिशा में समझने और जीने की क्षमता देता है।

यह काव्यसंग्रह न केवल योग के शास्त्रों और उनके लाभों को उजागर करता है, बल्कि यह भी दिखाता है कि कैसे योग जीवन के हर क्षेत्र में सकारात्मक परिवर्तन ला सकता है। शारीरिक स्वास्थ्य से लेकर मानसिक शांति और आत्मा के गहरे सत्य की खोज तक, योग एक सम्पूर्ण यात्रा है जो हमें निरंतर आगे बढ़ने और अपने भीतर की शक्तियों को पहचानने के लिए प्रेरित करता है।

आशा है कि यह काव्यसंग्रह आपके जीवन में भी योग के महत्व को समझने और उसे अपने जीवन में उतारने की प्रेरणा देगा। योग केवल एक अभ्यास नहीं है, यह एक जीवन जीने का तरीका है।

आभार
डॉ. मुकेश अग्रवाल

योग के प्रणेता

1. महर्षि पतंजलि: महर्षि पतंजलि भारतीय योग के शास्त्रीय सूत्रों के प्रणेता हैं। उन्होंने 'योग सूत्र' नामक ग्रंथ की रचना की, जो योग के सिद्धांत और अभ्यासों का संकलन है। उनका उद्देश्य योग के माध्यम से मानसिक और शारीरिक स्वास्थ्य को सर्वोत्तम बनाना था। उनका ज्ञान मानव जीवन के विभिन्न पहलुओं को संजीवनी देने वाला है।

2. योगी गोरखनाथ: योगी गोरखनाथ नाथ सम्प्रदाय के प्रमुख योगी थे। उनका योगदान हठयोग में था, जो शारीरिक और मानसिक अनुशासन पर आधारित है। उन्होंने कठिन साधनाओं के माध्यम से योग की उच्चतम अवस्था को प्राप्त किया। गोरखनाथ ने नाथ संप्रदाय को संगठित किया और योग के वास्तविक उद्देश्य को समझाया।

3. भगवान श्रीकृष्ण: भगवान कृष्ण ने 'भगवद गीता' में कर्मयोग का अद्भुत संदेश दिया। उन्होंने कहा कि व्यक्ति को अपने कर्तव्यों का पालन बिना किसी फल की आशा के करना चाहिए। उनका यह संदेश जीवन के हर क्षेत्र में कर्म करने का, न कि केवल फल के बारे में सोचने का, मार्गदर्शन करता है।

4. स्वामी विवेकानंद: स्वामी विवेकानंद ने योग को न केवल साधना के रूप में, बल्कि जीवन जीने की कला के रूप में प्रस्तुत किया। उन्होंने समाज की सेवा को ही सच्चे योग का रूप बताया और योग को व्यक्तिगत एवं सामाजिक कल्याण का साधन माना। उनका जीवन और कार्य प्रेरणादायक है।

5. महर्षि वशिष्ठ: महर्षि वशिष्ठ वेदों और उपनिषदों के ज्ञाता थे। उन्होंने जीवन के वास्तविक उद्देश्य को समझाया और आत्मज्ञान के मार्ग को विस्तृत रूप से बताया। उनके द्वारा दी गई शिक्षाएँ विशेष रूप से ध्यान और साधना के माध्यम से आत्मा के प्रकाश तक पहुँचने के उपायों को उजागर करती हैं।

6. अष्टावक्र: अष्टावक्र, एक महान योगी और तत्त्वज्ञानी थे, जिन्होंने आत्मा के सत्य का ज्ञान दिया। उन्होंने शरीर, मस्तिष्क और मन से ऊपर उठकर आत्मा की दिव्य प्रकृति को समझाया। उनका संदेश था कि आत्मा के परम सत्य को जानकर ही जीवन की वास्तविकता को समझा जा सकता है।

7. योगी अरविंद: योगी अरविंद ने योग के माध्यम से आत्मा के उच्चतम अनुभव को प्राप्त किया। उनका ध्यान और साधना जीवन के सबसे गहरे रहस्यों को खोलते हैं। उन्होंने भारतीय संस्कृति को नई दिशा दी और योग को न केवल आध्यात्मिक बल्कि सामाजिक क्रांति का साधन माना।

8. महर्षि रमण: महर्षि रमण भारतीय अद्वैत वेदांत के एक प्रसिद्ध योगी और संत थे, जिन्हें विशेष रूप से आत्म-ज्ञान और आत्म-चिंतन के लिए जाना जाता है। उनका जन्म 30 दिसंबर 1879 को तमिलनाडु के तिरुचुल्लियापलयम नामक गांव में हुआ था। वे एक अत्यंत सरल जीवन जीते हुए आत्म-साक्षात्कार के मार्ग पर चले, और उनका प्रमुख शिक्षण "आत्मा को जानो" था।

9. परमहंस योगानंद: परमहंस योगानंद, जिन्होंने 'आत्मज्ञान' और 'साधना' के द्वारा संसार को एक नई दृष्टि दी। उनके द्वारा प्रस्तुत 'Kriya Yoga' ने लाखों लोगों को आत्मज्ञान की प्राप्ति का मार्ग दिखाया। उन्होंने योग को पश्चिमी दुनिया में लोकप्रिय बनाने में महत्वपूर्ण भूमिका निभाई।

10. स्वामी रामदेव: स्वामी रामदेव ने योग और आयुर्वेद को जन-जन तक पहुँचाया। उनके द्वारा सिखाए गए आसन, प्राणायाम, और स्वस्थ जीवन के उपायों ने भारत और दुनिया भर में लाखों लोगों के जीवन को बदल दिया। वे योग के प्रचारक और स्वास्थ्य के प्रतीक बन चुके हैं।

11. श्री श्री रविशंकर: श्री श्री रविशंकर ने 'आर्ट ऑफ लिविंग' के माध्यम से जीवन को सरल और आनंदमयी बनाने की कला सिखाई। उनकी शिक्षाएँ तनाव को कम करने, मानसिक शांति पाने और आंतरिक संतुलन को स्थापित करने पर केंद्रित हैं। उन्होंने ध्यान और श्वास के द्वारा आत्म-समाधान की दिशा में मार्गदर्शन किया।

12. सद्गुरु जग्गी वासुदेव: सद्गुरु जग्गी वासुदेव ने योग को जीवन के हर पहलू से जोड़कर उसे एक गहरी और वास्तविक साधना का रूप दिया। उनका ध्यान और साधना के तरीके जीवन के अंदर और बाहर दोनों में शांति और संतुलन लाने का माध्यम बनते हैं। उन्होंने जीवन के व्यावहारिक पहलुओं को योग के सिद्धांतों से जोड़ा और लोगों को जागरूक किया।

यह सभी योग के प्रणेता न केवल भारत में, बल्कि दुनिया भर में योग के महत्व को समझाने और उसे जन-जन तक पहुँचाने में महत्त्वपूर्ण योगदान देने वाले महापुरुष हैं।

महर्षि पतंजलि का अमर ज्ञान

महर्षि,
तुमने जो रचा, वह शब्दों का नहीं,
जीवन का व्याकरण है।
सूत्र-धार, सत्य की सरिता के प्रवाहक,
तुम्हारे योगसूत्र हैं जीवन के आलोक स्तंभ।

अष्टांग की राह पर,
तुमने दिखाया संयम का मार्ग,
यम-नियम की नींव पर खड़ा
ध्यान, धारणा, समाधि का शिखर।

तुम्हारी दृष्टि में योग
केवल आसन नहीं,
यह है चित्त की वृत्तियों को रोकने का प्रयास,
विचारों की लहरों को शांत कर
सागर को स्थिर करने की साधना।

तुम्हारे शब्द
छोटे हैं, पर अर्थ महासागर।
"योग: चित्तवृत्ति निरोधः"
क्या कोई वाक्य इतना विशाल हो सकता है?
यह जीवन के समस्त द्वंद्वों का समाधान है।

तुम्हारा ज्ञान
न सीमाओं में बंधा,
न युगों से जर्जर।
यह तो अनंत काल तक प्रवाहित
एक चिरंजीवी दीप है।

पतंजलि,
तुम्हारे सूत्रों में छिपा सत्य
हर आत्मा का दर्पण है।
तुम्हारा अमर ज्ञान
हमें भीतर की यात्रा पर ले जाता है,

जहां संसार का अंत होता है,
और स्वयं का प्रारंभ।

ओ योग के प्रणेता,
तुम्हारी वाणी
आकाश की तरह असीम,
पृथ्वी की तरह स्थिर,
और अग्नि की तरह उज्जवल है।
तुम्हारा योग
सिर्फ एक साधना नहीं,
यह है जीवन का सबसे सुंदर गीत।

योगी गोरखनाथ का कठिन पथ

योगी,
तुम्हारा पथ सरल नहीं था,
क्योंकि सरलता से सत्य नहीं मिलता।
वह अग्नि की धार से होकर गुजरता है,
जहां शरीर झुलसता है
और आत्मा निखरती है।

तुमने तप की उस अग्नि को स्वीकारा,
जहां हर सांस साधना थी,
हर क्षण एक यात्रा,
और हर कदम आत्मा की गहराइयों में उतरने का प्रयास।

गुफाओं की नीरवता में,
तुमने सुना जीवन का मौन संगीत,
जहां शून्यता में भी सबकुछ है,
और सबकुछ में भी शून्यता।

तुम्हारे आसन
शरीर को स्थिर नहीं करते,
बल्कि चित्त को खोलते हैं,
जैसे कोई खिड़की खुलती है
अनंत आकाश की ओर।

तुम्हारा प्राणायाम
सिर्फ श्वास का नियंत्रण नहीं,
यह जीवन की धड़कनों को समझने का प्रयास है,
जहां हर श्वास में ब्रह्मांड का स्पंदन है।

ध्यान तुम्हारा
किसी धारा में बंधा नहीं,
यह तो उस समुद्र की खोज है,
जो भीतर ही भीतर छिपा है,
लेकिन लहरों से परे है।

गोरखनाथ,
तुम्हारी साधना एक क्रांति थी,
संस्कृतियों और सीमाओं के पार,
तुम्हारे शब्द केवल उपदेश नहीं थे,
वे जीवन का स्वरूप थे,
वह सत्य, जिसे केवल अनुभव किया जा सकता है।

तुम्हारा कठिन पथ,
कई के लिए दीप बन गया,
तुम्हारी साधना,
कई आत्माओं के लिए प्रेरणा।

ओ योग के अद्वितीय योद्धा,
तुम्हारा संघर्ष
हमें यह सिखाता है कि
जो सत्य को पाना चाहता है,
उसे स्वयं को खोना होगा।

भगवान कृष्ण का कर्म संदेश

कृष्ण,
तुम्हारे शब्द गूंजते हैं
गीता के उन अमर पृष्ठों में,
जहां जीवन और मृत्यु के मध्य खड़ी
एक अनंत धारा बहती है।

तुमने कहा,
कर्म करो, फल की चिंता मत करो।
यह उपदेश नहीं,
जीवन का सूत्र है,
जहां हर क्रिया
आत्मा की यात्रा बन जाती है।

तुम्हारे कर्म योग में
न श्रम का अभिमान है,
न त्याग का मोह।
यह है एक निरंतर प्रवाह,
जो स्वयं को भूलकर
संसार को आलोकित करता है।

महाभारत के रण में,
जब सब कुछ धुंधला था,
तुम्हारे शब्द थे वह प्रकाश,
जो अर्जुन की संशय से भरी आत्मा को
दिशा दिखाता रहा।

तुम्हारा संदेश
न युद्ध का आवाहन था,
न शांति का व्रत।
यह तो जीवन को समझने की कला थी,
जहां कर्म ही धर्म है,
और धर्म ही मुक्ति।

तुम्हारे स्वर में
कोई बंधन नहीं,
यह है अनंत का गीत,
जो हर आत्मा के भीतर
नवजीवन का आह्वान करता है।

कृष्ण,
तुमने सिखाया
कि कर्म एक यज्ञ है,
जहां अर्पित होती है
अहम की हर आहुति,
और प्रकट होती है
स्वयं की सत्य पहचान।

तुम्हारा संदेश
सिर्फ अर्जुन के लिए नहीं था,
यह हर उस आत्मा के लिए है,
जो जीवन की रणभूमि में खड़ी है,
संकल्प और संशय के बीच।

हे योगेश्वर,
तुम्हारे कर्म का यह पाठ
हमेशा याद दिलाएगा
कि जो कर्म में लीन है,
वह ईश्वर के सबसे निकट है।

विवेकानंद का व्यवहारिक योग

स्वामी,
तुम्हारे शब्द केवल विचार नहीं,
वे क्रिया थे।
तुम्हारी वाणी केवल ज्ञान नहीं,
जीवन का पथ थी।
तुमने योग को उतारा
ग्रंथों से बाहर,
और दिया इसे समाज का रूप।

तुम्हारे योग में,
केवल आसनों की स्थिरता नहीं,
बल्कि कर्म की गति थी।
तुमने दिखाया
कि ध्यान केवल एकांत नहीं,
यह तो जीवन के हर पल में
साधना का बीज है।

तुमने कहा,
"उठो, जागो, और तब तक मत रुको
जब तक लक्ष्य न प्राप्त हो।"
यह केवल प्रेरणा नहीं,
यह योग का सूत्र था–
जाग्रति, प्रयास, और समर्पण का।

तुम्हारे व्यवहारिक योग में
न कोई रहस्य था,
न कोई मिथक।
यह था आत्मा को पहचानने का प्रयास,
और संसार में अपने कर्तव्य को निभाने का सत्य।

तुमने योग को बांधा नहीं
मठों और गुफाओं में,
तुमने इसे लाया
सभाओं, गलियों, और कर्मभूमि में।

तुम्हारे लिए योग
स्वयं के विकास तक सीमित नहीं था,
यह था दूसरों को उठाने का प्रयास।

तुमने सिखाया,
योग केवल आत्मा की शांति नहीं,
यह तो संघर्ष का साहस है,
वह शक्ति, जो
हर कठिनाई के मध्य
आशा का दीप जलाए।

विवेकानंद,
तुम्हारा योग
न अतीत का बंधक था,
न भविष्य का सपना।
यह तो वर्तमान की साधना थी,
जो हर व्यक्ति को
उसकी पूरी क्षमता तक पहुंचाने का साधन थी।

तुम्हारा व्यवहारिक योग
एक आंदोलन था,
जहां व्यक्ति से समाज तक
हर स्तर पर
संतुलन और सामंजस्य का संदेश था।

ओ योग के आधुनिक प्रवक्ता,
तुम्हारे शब्द
आज भी हमें पुकारते हैं–
"जागो, और अपने भीतर के दिव्य को पहचानो।"
तुम्हारा योग
हमेशा हमें याद दिलाएगा
कि जीवन केवल जीने का नाम नहीं,
यह साधना है,
यह सेवा है।

महर्षि वशिष्ठ का ज्ञान प्रकाश

वशिष्ठ,
तुम्हारा ज्ञान
नदी की तरह प्रवाहित हुआ,
हर सूखी आत्मा को
जीवन का अमृत देने के लिए।
तुम्हारे शब्द
न केवल राजा के लिए थे,
बल्कि हर उस साधक के लिए
जो सत्य की खोज में है।

तुम्हारा योग,
केवल आसनों का नहीं,
यह जीवन की गहराइयों में
उत्तर खोजने की प्रक्रिया थी।
तुमने कहा,
"मन का दमन नहीं,
बल्कि उसका निर्देशन करो।
चित्त की लहरों को समझो,
और उन्हें आत्मा की धारा से जोड़ो।"

तुम्हारा वशिष्ठ योग
एक प्रकाश था,
जो राम के संशय को मिटा गया,
और दिखाया
कि जीवन का अर्थ
न केवल भोग है,
न केवल त्याग।
यह तो संतुलन है,
जो संसार के बीच रहते हुए भी
आत्मा की शांति को पा सके।

तुम्हारी गाथा
ध्यान की स्थिरता है,
प्राणायाम की लय है,

और समाधि की परम गहराई।
तुम्हारे ज्ञान में
कोई भय नहीं था,
केवल विश्वास था
कि आत्मा अपनी राह खुद खोज लेगी।

महर्षि,
तुमने सिखाया
कि योग केवल एक साधना नहीं,
यह एक जीवनशैली है,
जहां हर क्रिया, हर विचार
धर्म का अंश बन जाता है।

तुम्हारे ज्ञान प्रकाश ने
एक दीप जलाया,
जो युगों तक जलता रहा।
तुम्हारे वचन
किसी गूढ़ ग्रंथ का हिस्सा नहीं थे,
वे तो सरल थे,
जैसे कोई नदी बहती है
अपने स्रोत से अनंत तक।

वशिष्ठ,
तुम्हारा योग आज भी हमें पुकारता है,
कहता है,
"जाओ, अपने भीतर के अंधकार को देखो,
और उसे ज्ञान के प्रकाश से भर दो।"
तुम्हारे शब्द
हमेशा हमें याद दिलाएंगे
कि सत्य कहीं बाहर नहीं,
वह हमारे भीतर ही है।

अष्टावक्र का आत्मा का संदेश

अष्टावक्र,
तुम्हारे शब्द
न तर्क के बंधन में थे,
न शास्त्रों की सीमाओं में।
वे तो आत्मा की गहराइयों से निकले,
जहां कोई द्वंद्व नहीं,
कोई छलावा नहीं।

हे राजा जनक के गुरु,
तुमने कहा,
"तुम वही हो
जिसे तुम खोजते हो।
आत्मा न जन्म लेती है,
न मरती है।
यह तो सदा से थी,
और सदा रहेगी।"

तुम्हारे लिए योग
न क्रियाओं का संग्रह था,
न कर्म का बंधन।
यह तो आत्मा की सहजता थी,
जहां केवल अनुभव है,
और अनुभव में ही सत्य।

तुमने दिखाया
कि मुक्ति बाहर नहीं,
यह तो भीतर का प्रकाश है।
वह जो अपने स्वरूप को जान लेता है,
उसके लिए संसार का बंधन
मात्र एक भ्रम बन जाता है।

तुम्हारे शब्द
न शिक्षक के आदेश थे,

न शिष्य की जिज्ञासा।
वे तो एक दर्पण थे,
जिसमें हर आत्मा
अपना वास्तविक स्वरूप देख सके।

अष्टावक्र,
तुम्हारा संदेश
साधना की सरलता था,
जहां कुछ भी पाना नहीं,
कुछ भी खोना नहीं,
केवल होना है।

तुमने कहा,
"न तो मैं यह शरीर हूं,
न यह मन।
मैं तो वह हूं
जो इन सबसे परे है।
मैं चेतना हूं,
मैं शाश्वत हूं।"

तुम्हारे वचन
आज भी गूंजते हैं
हर उस आत्मा के भीतर,
जो प्रश्नों के बोझ से दब गई है।
तुम्हारा योग
द्वैत से अद्वैत तक का पथ है,
जहां अंत में केवल शांति है।

हे अद्वितीय ऋषि,
तुम्हारी वाणी
हमेशा हमें याद दिलाएगी
कि आत्मा का संदेश सदा स्पष्ट है–
"तुम वही हो
जिसे तुम खोज रहे हो।"

योगी अरविंद का गहन ध्यान

अरविंद,
तुम्हारा ध्यान
संसार की हलचल से परे,
अज्ञात के उस द्वार तक पहुंचा,
जहां आत्मा और ब्रह्मांड एक हो जाते हैं।
तुम्हारी आंखों में
कोई बाहरी दृश्य नहीं था,
वे तो भीतर की अनंत गहराई को देखती थीं।

तुम्हारा योग
न केवल शरीर का था,
न केवल मन का।
यह आत्मा का वह आरोहण था
जो सीमाओं को लांघता हुआ
दिव्यता को छू लेता है।

तुमने कहा,
"मन को मौन करो,
और सुनो वह संगीत,
जो शब्दों से परे है।
यह ध्यान नहीं,
यह आत्मा का संवाद है,
जो अपने स्रोत से जुड़ता है।"

तुम्हारा गहन ध्यान
वह अग्नि था
जो हर संशय को भस्म कर देता था।
यह साधारण ध्यान नहीं,
यह तो एक यज्ञ था,
जहां अहंकार की आहुति देकर
प्रकट होती थी
सत्य की ज्योति।

अरविंद,
तुम्हारी साधना
केवल व्यक्तिगत नहीं थी,
यह तो एक विश्व की साधना थी।
तुमने दिखाया
कि ध्यान केवल पलायन नहीं,
यह सृजन का माध्यम है।
एक नई चेतना,
एक नए युग की ओर बढ़ने का मार्ग।

तुम्हारे ध्यान में
शांत झील की गहराई थी,
और साथ ही
समुद्र की उग्रता।
यह मौन भी था,
और क्रांति भी।

तुमने सिखाया
कि ध्यान का अर्थ
सिर्फ बंद आंखें नहीं,
यह तो खुली चेतना है,
जो हर क्षण में
दिव्यता का अनुभव करती है।

हे योगी,
तुम्हारा गहन ध्यान
आज भी एक दीपक है
उन साधकों के लिए
जो अंधकार में अपना मार्ग खोज रहे हैं।
तुम्हारा ध्यान
हमेशा हमें याद दिलाएगा
कि भीतर का प्रकाश ही
सच्चा मार्गदर्शक है।

महर्षि रामण का आत्म साक्षात्कार

तिरुवन्नामलाई की मूक पहाड़ियों में,
जहाँ हवाएँ भी चुप रहती हैं,
वहाँ एक साधक ने,
अपनी अंतरात्मा में छुपे सत्य को पहचाना।

उन्होंने न कोई देवता पूजा,
न किसी अनुष्ठान का पालन किया,
सिर्फ़ एक प्रश्न ने उन्हें खींच लिया,
"कौन हूँ मैं?"

इस प्रश्न में समायी थी
पूरी ब्रह्मांड की अनंतता,
यह न किसी किताब में था,
न किसी शास्त्र में,
यह तो था सिर्फ़ मौन में।

आत्मा का स्वरूप पहचानना,
न बाहरी दृष्टि से,
न किसी विचार से,
सिर्फ़ खुद से,
अपने भीतर की गहरी खामोशी में।

वे स्वयं को नहीं देखते थे,
वे केवल स्वयं से होते थे,
हर उत्तर के पीछे था नित्य खंड,
हर विचार के अंत में बसी थी चुप्प।

आत्मा का सत्य न किसी साधना में था,
न किसी आसन में,

यह तो था सिर्फ़ निराकार,
सिर्फ़ उस स्थान में जहाँ तुम स्वयं हो।

महर्षि रामण ने कोई रहस्य नहीं रखा,
उन्होंने सत्य को जीवन में समेट लिया,
उनके शब्द न थे भारी,
उनके मौन में था सब कुछ।

और फिर, वह देखी गई रौशनी,
जो हर दृष्टिकोन को पार करती है,
जिसमें आत्मा की पहचान है,
और मानव का अस्तित्व एक अदृश्य संबंध है।

परमहंस योगानंद की साधना

योगानंद,
तुम्हारी साधना
एक पुकार थी,
उस अनंत की ओर
जो हर हृदय में धड़कता है।
तुम्हारे शब्द
मौन की गहराई से उठे,
और संसार को आत्मा का संगीत दे गए।

तुम्हारे लिए योग
केवल आसनों का अभ्यास नहीं था,
यह आत्मा और परमात्मा का मिलन था।
तुमने कहा,
"प्रत्येक श्वास
एक प्रार्थना है,
प्रत्येक ध्यान
उस दिव्यता का आलिंगन।"

तुम्हारी क्रिया योग की साधना
केवल एक विधि नहीं,
यह आत्मा की उड़ान थी
उस अनंत आकाश तक,
जहां प्रेम और शांति
एकाकार हो जाते हैं।

तुमने दिखाया
कि जीवन का उद्देश्य
केवल भोग या त्याग नहीं,
यह तो उस आनंद की खोज है,
जो हर कण में समाया है।
तुम्हारे लिए ध्यान
न केवल एकांत का क्षण था,
यह तो हर क्षण में
दिव्यता का अनुभव था।

योगानंद,
तुम्हारी साधना
हृदय को खोलने की प्रक्रिया थी,
जहां कोई दीवार नहीं,
कोई सीमा नहीं,
केवल प्रेम की अनंत धारा है।
तुमने सिखाया
कि आत्मा की शक्ति
हर बंधन को तोड़ सकती है,
हर पीड़ा को मिटा सकती है।

तुम्हारा संदेश
हर साधक के लिए एक दीप था,
जो अंधकार में
आत्मज्ञान का प्रकाश फैलाता रहा।
तुम्हारे लिए ईश्वर
कोई बाहरी शक्ति नहीं,
यह वह भीतर का प्रकाश था,
जो हर प्राणी में विद्यमान है।

परमहंस,
तुम्हारी साधना
हमें याद दिलाती है
कि सच्चा योग वह है,
जहां आत्मा अपने स्रोत को पहचानती है।
तुम्हारा हर शब्द,
हर क्रिया,
आज भी हमें पुकारती है–
"जागो, और जानो
कि तुम स्वयं ब्रह्म के अंश हो।"

स्वामी रामदेव का योगदान

स्वामी रामदेव,
तुम्हारा नाम
योग की उस लहर का प्रतीक है
जो गांव-गांव,
शहर-शहर,
हर घर तक पहुंची।
तुम्हारा स्वर
मानवता के लिए
एक नई शुरुआत बना।

तुमने योग को
ग्रंथों के पन्नों से निकाला,
और उसे जीवन का अंग बनाया।
हर श्वास में प्राण का महत्व,
हर आसन में स्वास्थ्य का संदेश,
तुमने योग को
जन-जन की धड़कन बना दिया।

तुम्हारा योगदान
केवल मंच तक सीमित नहीं,
यह तो हर गली,
हर चौपाल में गूंजा।
तुम्हारी आवाज ने
उस मौन को तोड़ा,
जो योग को केवल साधु-संतों का साधन मानता था।

तुमने दिखाया
कि प्राणायाम से
सांसों का हर जाल सुलझ सकता है।

अनुलोम-विलोम,
कपालभाति,
भस्तिका–
तुम्हारे द्वारा सिखाए ये नाम
अब हर आयु के होंठों पर हैं।

स्वास्थ्य के क्षेत्र में
तुमने योग को
औषधि से बड़ा बना दिया।
तुमने बताया
कि शरीर का हर कण
योग से उर्जावान हो सकता है।
तुमने रोग को चुनौती दी,
और स्वास्थ्य को
योग का मित्र बनाया।

तुम्हारी साधना
केवल व्यक्तिगत नहीं थी,
यह तो करोड़ों का मार्गदर्शन बनी।
तुम्हारा संदेश
सरल था–
"योग करो,
और अपने जीवन को स्वस्थ बनाओ।"

स्वामी रामदेव,
तुम्हारी साधना ने
देश की मिट्टी को
दुनिया में पहचान दिलाई।
तुम्हारे योग ने
भारत की प्राचीन परंपरा को
नए युग का स्वरूप दिया।

तुम्हारी ऊर्जा,
तुम्हारा उत्साह,
हर साधक के लिए प्रेरणा है।

तुम्हारा योगदान
इतिहास के पन्नों में नहीं,
यह तो हर सुबह की सांस में जीवित है।
तुमने योग को
केवल अभ्यास नहीं,
जीवन का उत्सव बना दिया।
तुम्हारा कार्य
हमेशा याद रहेगा,
क्योंकि तुमने योग को
सभी के लिए सुलभ और सरल बना दिया।

श्री श्री रविशंकर का तरीका

श्री श्री,
तुम्हारा योग
हृदय की गहराइयों तक जाता है,
जहां शब्द मौन हो जाते हैं
और सांसें संगीत बनती हैं।
तुमने सिखाया,
कि जीवन एक उत्सव है,
और हर क्षण में आनंद का संचार है।

तुम्हारी साधना
केवल आसनों की सीमाओं तक नहीं,
यह मन की उलझनों को सुलझाने का तरीका थी।
तुम्हारा संदेश था–
"श्वास को साधो,
और जीवन को सरल बनाओ।"
सुदर्शन क्रिया की हर लय
मानो आत्मा का गीत बन गई।

तुमने कहा,
"योग केवल शरीर का नहीं,
यह मन और आत्मा का मिलन है।"
तुम्हारी आवाज
हर भटके हुए को राह दिखाती रही,
और हर व्याकुल मन को
शांति का दीप दिखाती रही।

तुम्हारा तरीका
इतना सरल,
इतना सजीव,

कि हर कोई जुड़ गया।
तुमने योग को
सांसों के साथ बहने दिया,
और हर इंसान को
अपने भीतर की गहराई में झांकने का अवसर दिया।

श्री श्री,
तुम्हारी दृष्टि
सिर्फ भारत तक सीमित नहीं रही,
तुमने योग को
विश्व का उपहार बनाया।
तुम्हारी हर बात
प्रेम और करुणा की भाषा बोलती है।
तुमने दिखाया
कि योग
संबंधों को सुधारने का माध्यम है,
दुनिया को जोड़ने का जरिया है।

तुम्हारा योग
मुस्कान का साथी बना।
तुमने सिखाया
कि कठिनाइयों के बीच भी
शांति को पाना संभव है।
तुम्हारी साधना ने
हर हृदय को छुआ,
और हर आत्मा को
उसकी दिव्यता से जोड़ा।

तुम्हारे तरीके में
न कोई जटिलता,
न कोई दूरी।

केवल प्रेम,
केवल सहजता।
तुमने बताया
कि योग केवल अभ्यास नहीं,
यह जीवन जीने की कला है।

श्री श्री,
तुम्हारी साधना
एक पुल बन गई
हर संस्कृति, हर हृदय के बीच।
तुम्हारा योग
हमेशा हमें सिखाता रहेगा
कि सच्चा जीवन
मुस्कान और शांति का संगम है।

सद्गुरु जग्गी वासुदेव की शिक्षाएँ

सद्गुरु,
तुम्हारी शिक्षाएँ
सतत सागर की लहरों जैसी हैं,
जो किसी किनारे की आवश्यकता नहीं,
बल्कि स्वयं में समग्रता की गवाही हैं।
तुमने कहा,
"जो भीतर है, वही बाहर का सत्य है,"
और हर आत्मा को आत्मा से जोड़ दिया।

तुमने समझाया,
योग केवल शरीर का नहीं,
यह हृदय और मन का संगम है,
जहां हर विचार और भावना
मौन होकर एक-दूसरे से मिलते हैं।
तुमने हमें दिखाया,
कैसे हर श्वास
एक मंत्र बन सकता है,
और हर आसन
जीवन के हर पहलू को सहज बना सकता है।

तुम्हारे शब्दों में
वह शक्ति है,
जो हृदय के बंद दरवाजे को खोल देती है,
तुम्हारे साधना के मार्ग में
आत्मा का विस्तार है।
तुमने कहा,
"जो कुछ भी है, वह तुमसे पहले था,"
तुमने हमें उस असीम का अनुभव कराया,
जो हमारे भीतर बसा है।

तुम्हारी दृष्टि,
हमेशा एक पथ दर्शक की तरह रही,
तुमने हमें यह समझाया
कि जीवन केवल एक यात्रा है,

जो अंतहीन सागर की लहरों की तरह
हमेशा चलती रहती है।
तुमने जीवन को
एक गहरी धारा की तरह देखा,
जहां हर व्यक्ति
अपनी लहर को पहचान सकता है।

सद्गुरु,
तुम्हारे मार्ग पर चलने वाला
कभी अकेला नहीं रहता,
क्योंकि तुमने हमें सिखाया
कि हर कदम
सभी के साथ मिलकर बढ़ता है।
तुम्हारे शब्द
एक चेतना के रूप में हमारे भीतर गूंजते हैं,
यह जीवन को एक नया अर्थ देते हैं।

तुम्हारी शिक्षा
वह कांच की चूड़ी की तरह है,
जो हर क्षण में निखरती है,
और हर विचार, हर क्रिया
उसमें समाहित होती है।
तुमने कहा,
"यह जीवन अनमोल है,
इसे समझो, इसे जीओ।"

सद्गुरु,
तुम्हारी शिक्षा ने
हमारे भीतर एक नये प्रकार की दृष्टि विकसित की।
अब हम जानते हैं
कि योग केवल आसन नहीं,
यह हर विचार, हर भावना,
हर सांस में बसा हुआ है।

योग के महत्वपूर्ण शास्त्र

ये सभी शास्त्र भारतीय योग और तंत्र विद्या के महत्वपूर्ण ग्रंथ हैं, जो आत्मज्ञान, साधना और उच्चतम शारीरिक व मानसिक विकास की दिशा में मार्गदर्शन प्रदान करते हैं। इनके माध्यम से योग, ध्यान, कर्म, भक्ति, और तंत्र के विभिन्न पहलुओं को समझा जा सकता है। इन शास्त्रों का परिचय निम्नलिखित है:

1. पतंजलि योगसूत्र: यह योग के आठ अंगों (अष्टांग योग) का व्याख्यान करता है, जिसमें ध्यान, आसन, प्राणायाम, प्रत्याहार, धारणा, ध्यान, समाधि और यम-नियम शामिल हैं। पतंजलि ने योग को मानसिक और शारीरिक शुद्धता की एक प्रणाली के रूप में प्रस्तुत किया है, जो आत्मज्ञान की प्राप्ति में सहायक होती है।

2. भगवद्गीता: यह ग्रंथ भगवान श्री कृष्ण और अर्जुन के संवाद पर आधारित है। इसमें ज्ञान, कर्म और भक्ति के त्रिवेणी का वर्णन किया गया है, जो जीवन के उद्देश्य और परमात्मा से मिलन के मार्ग को दर्शाता है। भगवद्गीता का संदेश है कि व्यक्ति को अपने कर्मों में निस्वार्थ भाव से कार्य करना चाहिए और परमात्मा में श्रद्धा रखनी चाहिए।

3. हठयोग प्रदीपिका: यह शास्त्र हठयोग का एक प्रमुख ग्रंथ है, जो शारीरिक साधना और आसनों का महत्व समझाता है। इसमें शारीरिक शरीर की शुद्धि, प्राणायाम, मुद्राएँ, सिद्धियाँ और ध्यान की विधियों का विस्तृत वर्णन किया गया है।

4. योगवशिष्ठ: यह ग्रंथ वेदांत के सिद्धांतों को समझाने के लिए एक महान संवाद है, जो योग, ध्यान, और आत्मज्ञान की चर्चा करता है। इसमें भगवान राम और ऋषि वशिष्ठ के संवाद के रूप में जीवन के सत्य और आत्मा के साक्षात्कार का मार्ग बताया गया है।

5. शिव संहिता: शिव संहिता तंत्र विद्या और शिव के तत्वज्ञान पर आधारित है। यह तंत्र साधना और मंत्र प्रयोग की शक्तियों को समझाती है और आत्मा के विशुद्धता के साथ उच्चतम आत्मज्ञान की प्राप्ति में सहायक होती है।

6. गोरक्ष संहिता: यह गोरखनाथ द्वारा रचित एक महत्वपूर्ण योग ग्रंथ है, जिसमें हठयोग, कुंडलिनी साधना और तंत्र-मंत्र के माध्यम से आत्मज्ञान प्राप्ति का मार्ग बताया गया है। गोरक्ष संहिता में साधकों के लिए शारीरिक और मानसिक अभ्यास की विधियाँ प्रस्तुत की गई हैं।

7. योगतत्त्वोपनिषद्: यह उपनिषद योग के तत्व को समझाने का प्रयास करता है। इसमें आत्मज्ञान का सार दिया गया है, जो साधक को आत्मा और ब्रह्म के बीच के संबंध को पहचानने में मदद करता है। यह योग और वेदांत के सिद्धांतों का संगम है, जो आत्मा के सर्वोच्च ज्ञान की प्राप्ति के मार्ग को दर्शाता है।

ये सभी ग्रंथ भारतीय योग और तंत्र विद्या के गहरे और गूढ़ तत्वों का प्रतिपादन करते हैं, जो जीवन के उद्देश्य और परम सत्य को जानने के लिए मार्गदर्शन प्रदान करते हैं।

पतंजलि योगसूत्र: सूत्रों का साधन

सूत्रों में बँधी,
जैसे बूँद बँधी हो सागर में,
हर शब्द, हर वाक्य,
एक दिशा, एक दीक्षा।

योग: चित्त की वृत्तियों का निरोध
यह न मात्र विचार,
यह न मात्र वाणी।
यह है अंतस की यात्रा,
जहाँ मन थमता है,
जहाँ शोर मौन में ढलता है।

अभ्यास और वैराग्य के संग,
चलती है साधक की राह।
अभ्यास–दृढ़, निरंतर,
जैसे नदी बहती है पर्वत से।
वैराग्य–निर्लिप्त,
जैसे कमल की पाँखुर पर पानी।

क्लेश, अविद्या, राग, द्वेष,
और मृत्यु का भय।
ये सब जाल,
जो मन को जकड़ते हैं।
पर योग–
जाल को काटता है,
मन को मुक्त करता है।

समाधि: अंतिम लक्ष्य।
न स्वरूप का भान,
न चित्त की हलचल।
बस अस्तित्व का अहसास।
बस अनंत की अनुभूति।

पतंजलि के सूत्र–
न ग्रंथ मात्र,
न पृष्ठों का भार।
ये हैं दीपक,
जो अंधकार को मिटाते हैं,
जो साधक को सत्य तक पहुँचाते हैं।

यह योगसूत्र का साधन,
जीवन का दर्शन।
यह पतंजलि का उपहार,
मुक्ति का मार्ग।

भगवद्गीताः ज्ञान, कर्म, भक्ति की त्रिवेणी

समर के मध्य,
जब शोर था शंखनाद का,
और हृदय में कंपन था संशय का,
तब बोल उठे माधव–
वाणी, जो चीर देती है अज्ञान का अंधकार।

ज्ञान–तत्व का बोध।
"तू देह नहीं, आत्मा है।
जो न कटती है, न जलती है,
न मिटती है, न झुकती है।
यह चिरंतन, अविनाशी, शाश्वत सत्य है।"
यह बोध,
जो जन्म और मृत्यु के पार ले जाता है।
जो डर से मुक्ति देता है।

कर्म–निष्काम की राह।
"कर्म कर, पर फल में आसक्ति मत रख।
जो कर्म में स्थिर है,
वही योगी है।"
यह कर्म,
जो जीवन को अर्थ देता है,
जो भटकाव से बचाता है।

भक्ति–समर्पण की अनुभूति।
"मुझमें लीन हो,
हर श्वास, हर आहुत,
मुझे अर्पण कर।
जहाँ प्रेम है, वहाँ मैं हूँ।
जहाँ श्रद्धा है, वहाँ सत्य है।"
यह भक्ति,
जो विभाजन को मिटाती है,
जो एकत्व का अनुभव कराती है।

गीता–
केवल एक ग्रंथ नहीं,
यह जीवन का मार्गदर्शन है।
यह ज्ञान, कर्म, भक्ति की त्रिवेणी है,
जहाँ मन शुद्ध होता है,
जहाँ आत्मा पूर्णता को प्राप्त करती है।

अर्जुन का संशय,
हम सबका संशय है।
माधव का समाधान,
हम सबकी राह है।
यह गीता,
हर युग की पुकार है।

हठयोग प्रदीपिका: शरीर साधना का शास्त्र

शरीर–मंदिर है,
जहाँ प्राण वास करते हैं।
हठयोग–दीप है,
जो इस मंदिर को प्रकाशित करता है।

यह साधना है,
शरीर की स्थिरता की,
मन की निर्मलता की,
और आत्मा की उड़ान की।

आसन–आधार है।
स्थिर, सुखद, सहज।
जहाँ हर मुद्रा,
धरा के साथ एकाकार हो।
पद्मासन से वृक्षासन तक,
हर आसन,
अभ्यास का एक चरण है।
यह केवल तन की यात्रा नहीं,
यह मन की तैयारी है।

प्राणायाम–जीवन की धारा।
श्वास भीतर,
श्वास बाहर।
एक लय, एक ताल।
ना अधिक, ना कम,
बस संतुलन।
यह प्राण की साधना है,
जो भीतर की शक्ति को जगाती है।
नाड़ी शुद्धि से कुंभक तक,
हर श्वास है जीवन का संगीत।

बंध और मुद्राएँ–शक्ति के ताले।
जालंधर, उड्डीयान, मूल।
यह ताले,

जो ऊर्जा को भीतर रोकते हैं,
जो साधक को शक्ति से भरते हैं।
मुद्राएँ,
जिनसे चेतना का प्रसार होता है।

ध्यान–साधना का शिखर।
जहाँ मन ठहरता है,
जहाँ विचार शून्य हो जाते हैं।
एक बिंदु,
जहाँ साधक और शून्यता मिलते हैं।
यह ध्यान,
अंतिम मुक्ति का द्वार है।

हठयोग–
कोई संघर्ष नहीं,
यह है समर्पण।
यह है शरीर, प्राण और मन की यात्रा।
यह दीपक है,
जो अज्ञान के अंधकार को मिटाता है।
यह प्रदीपिका है,
जो साधक को स्वयं तक ले जाती है।

योगवशिष्ठ: ज्ञान का गीत

जब संसार की माया
भ्रम की परतें बुनती है,
और मन बेचैन होता है,
तब योगवशिष्ठ का स्वर
अंधकार में दीपक बनता है।
यह वाणी है वशिष्ठ की,
जो राम को सत्य का मार्ग दिखाती है।

जीवन: एक स्वप्न।
क्या है यह संसार?
मिट्टी का खेल?
या चित्त की रचना?
योगवशिष्ठ कहती है–
"यह सब स्वप्न है,
जो जागरण में लुप्त हो जाता है।"
जब चेतना जागती है,
तो सृष्टि का असली स्वरूप प्रकट होता है।

मन: सृष्टि का निर्माता।
मन,
जो बंधन भी है,
मुक्ति भी।
यह विचारों का समुद्र है,
जो लहरें बनाता है।
वशिष्ठ कहते हैं,
"मन को साध,
और तू सृष्टि को साध लेगा।"

ज्ञान: सत्य का दीपक।

ज्ञान,
जो आत्मा को अंधकार से निकालता है।
यह ना केवल शब्द है,
ना केवल ग्रंथ।
यह भीतर का अनुभव है,
जो सारा भ्रम मिटा देता है।
राम के प्रश्नों में,
वशिष्ठ के उत्तरों में,
सत्य का गीत गूंजता है।

वैराग्य: मुक्त होने का मार्ग।
यह संसार–
आकर्षण का जाल।
पर योगवशिष्ठ सिखाती है–
वैराग्य,
जो मोह को तोड़ता है,
जो आत्मा को स्वतंत्र करता है।
यह त्याग नहीं,
यह जागरण है।

समाधि: अंतिम शांति।
जहाँ मन शून्य हो जाए,
जहाँ विचार लुप्त हो जाएं।
यह समाधि है,
जहाँ आत्मा और ब्रह्म
दो नहीं रहते।
वशिष्ठ कहते हैं,
"जो समाधि को पा लेता है,
वह सृष्टि के पार चला जाता है।"

योगवशिष्ठ का गीत।

यह केवल उपदेश नहीं,
यह आत्मा का संगीत है।
यह ज्ञान का अमृत है,
जो हर जिज्ञासु को तृप्त करता है।
राम के माध्यम से,
यह हर आत्मा का मार्गदर्शक है।

योगवशिष्ठ–
ज्ञान का गीत,
जीवन का सत्य,
और मुक्ति का मार्ग।
जो इसे जिए,
वह स्वयं में ब्रह्म को पा ले।

शिव संहिता: तंत्र का तत्वज्ञान

शिव की वाणी,
जो मौन में भी गूंजती है।
एक शास्त्र,
जो तंत्र के रहस्य खोलता है।
यह शिव संहिता है–
तत्वों का खेल,
प्रकृति और पुरुष का मेल।

तंत्र: साधना का विज्ञान।
ना मात्र क्रिया,
ना केवल विचार।
यह है अस्तित्व का विस्तार।
जहाँ स्थूल और सूक्ष्म का संगम हो,
जहाँ चेतना, अचेतन में घुल जाए।
यह साधक की यात्रा है–
भीतर से परे,
परे से भीतर।

पंच तत्व: सृष्टि का आधार।
पृथ्वी, जल, अग्नि, वायु, आकाश।
यह पाँच,
न केवल शरीर के हिस्से हैं,
यह आत्मा का रूप हैं।
शिव संहिता कहती है–
"जो इन तत्वों को साध लेता है,
वह सृष्टि के रहस्य को जान लेता है।"

नाड़ियों का रहस्य।
इड़ा, पिंगला, सुषुम्ना।
यह केवल नाम नहीं,
यह ऊर्जा की धारा हैं।
जहाँ इड़ा है चंद्रमा का शीतल स्पर्श,
पिंगला है सूर्य की गर्म आभा।

सुषुम्ना–
वह मार्ग, जो शिव तक ले जाता है।

मुद्राएँ और बंध।
मुद्राएँ, जो ऊर्जा को जागृत करती हैं।
बंध, जो इसे स्थिरता देते हैं।
जालंधर, मूल, उड्डीयान।
यह केवल क्रियाएँ नहीं,
यह शक्ति के ताले हैं,
जो साधक को परम तक पहुँचाते हैं।

ध्यान: शिव का साक्षात्कार।
"मौन में स्थित हो,
जहाँ ना विचार हैं, ना विकार।
जहाँ केवल शून्यता है,
वहाँ शिव हैं।"
यह ध्यान,
सिर्फ अवस्था नहीं,
यह अस्तित्व की परिभाषा है।

शिव संहिता का संदेश।
तंत्र, जो डराता नहीं,
जो बाँधता नहीं।
यह मुक्त करता है,
यह सत्य दिखाता है।
यह शिव का ज्ञान है,
जो हर साधक के भीतर दीप जलाता है।

शिव संहिता–
ना केवल ग्रंथ,
यह चेतना का दर्पण है।
जो इसे पढ़े,
जो इसे जिए,
वही शिव के तंत्र का तत्वज्ञान पा सकता है।

गोरक्ष संहिता: गोरखनाथ का योगमार्ग

गोरख,
जो योग के ध्रुव हैं,
जो साधना की पराकाष्ठा हैं।
उनकी वाणी–
गोरक्ष संहिता,
जहाँ योगमार्ग के रहस्य प्रकट होते हैं।

हठयोग: आत्मशक्ति का विज्ञान।
हठ–शिव का बल,
योग–शक्ति का संतुलन।
यह संघर्ष नहीं,
यह आत्मा का समर्पण है।
जहाँ देह, प्राण, और मन,
एक लय में बंध जाते हैं।
गोरखनाथ कहते हैं,
"जो हठ को साध लेता है,
वह स्वयं को जान लेता है।"

शरीर–मंदिर और साधना।
शरीर केवल अस्थि-मांस नहीं,
यह चेतना का पात्र है।
यहाँ नाड़ियाँ हैं,
जहाँ ऊर्जा का प्रवाह होता है।
इड़ा, पिंगला, और सुषुम्ना,
यह मार्ग हैं,
जो साधक को भीतर की यात्रा कराते हैं।

कुंडलिनी जागरण।
गोरक्ष का मार्ग,
कुंडलिनी की शक्ति को जगाने का है।
यह सर्पिणी,
जो मूलाधार में सुप्त है,
जब जागती है,

तो सहस्रार तक पहुँचती है।
यह शक्ति,
जो साधक को शिव से जोड़ देती है।

ध्यान और समाधि।
ध्यान,
जो मन को शून्य करता है।
जहाँ विचार,
जैसे वायु में विलीन हो जाएं।
समाधि,
जहाँ साधक और शिव,
दो नहीं, एक हो जाते हैं।
गोरक्ष कहते हैं,
"समाधि, परम सत्य का अनुभव है।"

योगमार्ग का संदेश।
यह न केवल शरीर का साधन है,
यह आत्मा का विस्तार है।
यह मार्ग,
जो सांसारिक बंधनों को तोड़ता है।
यह मुक्ति का द्वार है,
जो हर साधक के लिए खुला है।

गोरक्ष संहिता–
ना केवल शब्द,
यह शिव का अनुभव है।
जो इसे समझे,
जो इसे जिए,
वह अपने भीतर शिव को पा ले।

गोरखनाथ का मार्ग–
सरल नहीं,
पर यह जीवन का सार है।
यह योगमार्ग,
अज्ञान का अंत,
और आत्मज्ञान की शुरुआत है।

योगतत्त्वोपनिषद: आत्मज्ञान का सार

जब प्रश्न उठता है,
"मैं कौन हूँ?"
तब उत्तर गूंजता है–
योगतत्त्वोपनिषद की गहराई में।
यह आत्मा की पुकार है,
यह सत्य की खोज का मार्ग है।

योग: संयोग का विज्ञान।
ना केवल आसन,
ना केवल प्राणायाम।
यह है आत्मा का ब्रह्म से मिलन।
जहाँ मन स्थिर हो,
जहाँ श्वास विलीन हो,
वहाँ योग का तत्व प्रकट होता है।

आत्मा और ब्रह्म।
"तू वही है,"
यह केवल वाक्य नहीं,
यह अनुभव की गहराई है।
आत्मा, जो सीमित दिखती है,
वह ब्रह्म की अनंतता है।
यह योग नहीं,
यह आत्मा का स्वधर्म है।

नाड़ियाँ और चक्र।
यह शरीर,
ना केवल मांसपेशियों का ढांचा है,
यह ऊर्जा का एक यंत्र है।
इड़ा, पिंगला, सुषुम्ना–
तीन मार्ग,
जो ब्रह्म तक ले जाते हैं।
मूलाधार से सहस्रार तक,
यह यात्रा आत्मा की है,
जो तत्व का अनुभव कराती है।

ध्यान: आत्मा का प्रकाश।
ध्यान,
जहाँ मन शून्य हो जाता है।
यह केवल मौन नहीं,
यह चेतना का संगीत है।
जहाँ भीतर का दीप जलता है,
वहाँ योगतत्व का अनुभव होता है।

ज्ञान: योग का सार।
ज्ञान,
जो पुस्तक से नहीं,
अनुभव से जन्मता है।
यह आत्मा का बोध है,
जहाँ अज्ञान का अंत होता है।
योगतत्त्वोपनिषद कहती है–
"जान,
और तू स्वयं ब्रह्म हो जाएगा।"

मुक्ति: योग का अंतिम उद्देश्य।
मुक्ति,
जो संसार से नहीं,
अपने भ्रमों से है।
जहाँ आत्मा,
सभी बंधनों से परे हो जाती है।
यह अंतिम यात्रा नहीं,
यह अनंत की शुरुआत है।

योगतत्त्वोपनिषद–
ना केवल शास्त्र,
यह आत्मा का दर्पण है।
जो इसे देखे,
वह स्वयं को पहचान ले।
यह आत्मज्ञान का सार है,
जो हर साधक को सत्य का अनुभव कराता है।

योग के प्रमुख प्रकार

भक्ति योग: प्रेम का प्रवाह: भक्ति योग ईश्वर के प्रति अनन्य प्रेम और समर्पण का मार्ग है। इसमें भजन, प्रार्थना, और पूजा के माध्यम से आत्मा को ईश्वर से जोड़ने का प्रयास किया जाता है। इसका मूल उद्देश्य अहंकार का त्याग और प्रेममयी अनुभूति प्राप्त करना है।

ज्ञान योग: सत्य की खोज: ज्ञान योग स्व-अध्ययन, चिंतन, और ध्यान के माध्यम से सत्य की खोज का मार्ग है। यह आत्मा और परमात्मा के बीच के संबंध को समझने के लिए तर्क, विवेक, और आध्यात्मिक ज्ञान का उपयोग करता है।

कर्म योग: सेवा का संकल्प: कर्म योग निःस्वार्थ सेवा और कर्तव्यपालन का योग है। इसमें फल की चिंता किए बिना अपने कर्तव्यों को पूर्ण निष्ठा से निभाने पर बल दिया जाता है।

हठयोग: आत्मा का अनुशासन: हठयोग शरीर और मन को अनुशासित करने का विज्ञान है। इसमें आसन, प्राणायाम, और ध्यान के माध्यम से शारीरिक और मानसिक शक्ति को संतुलित किया जाता है।

लययोग: शांति का संगीत: लययोग मन और आत्मा को संगीत की लय और ध्यान के माध्यम से शांत करने का मार्ग है। यह आंतरिक संतुलन और दिव्य शांति का अनुभव कराता है।

मंत्र योग: स्वरों का महत्त्व: मंत्र योग ध्वनि और शब्द की शक्ति का उपयोग करके ध्यान और आत्मिक शुद्धि का मार्ग है। इसमें मंत्रों का जाप आत्मा को उच्च ऊर्जा से जोड़ने में सहायक होता है।

कुंडलिनी योग: ऊर्जा का उत्थान: कुंडलिनी योग जीवन ऊर्जा को जागृत करने और उसे आध्यात्मिक ऊंचाई तक ले जाने का मार्ग है। यह चक्रों के संतुलन और ऊर्जा के प्रवाह पर आधारित है।

तंत्र योग: चेतना का विस्तार: तंत्र योग चेतना को विस्तारित करने और जीवन की रहस्यमय शक्तियों को समझने का विज्ञान है। इसमें ध्यान, क्रियाएँ, और यंत्रों का प्रयोग शामिल होता है।

राजयोगः योग का गूढ़ रहस्य

चेतना के गर्भ में छिपा,
एक रहस्य, एक प्रकाश,
जो देखता है बिना आंखों के,
जो सुनता है बिना कानों के।

राजयोग है वह यात्रा,
जहां विचारों की तरंगें
सागर बनकर शून्य में विलीन हो जाती हैं।
मन के मैदान में,
शांत होती है अशांत हवा,
और खुलता है द्वार आत्मा का।

यह वह पथ है,
जहां संकल्प बंधन नहीं,
बलिदान नहीं,
केवल अनुभव है,
साक्षी होने का,
अपने ही भीतर ब्रह्मांड को देखने का।

ध्यान की गहराई में उतरकर,
सांसों के बीच के मौन को छूकर,
मन को आत्मा के शिखर तक पहुंचाना–
यही है राजयोग।

यह शक्ति का साधन नहीं,
यह ज्ञान का प्रदर्शन नहीं,
यह आत्मा की स्वीकृति है,
जो हर स्वरूप में परम सत्य को देखती है।

राजयोग,
न तो आसनों की सुघड़ता में सीमित,
न मंत्रों की गूंज में कैद,
यह तो मन का साम्राज्य है,
जहां आत्मा स्वयं राजा है।

शब्द खो जाते हैं,
तर्क शिथिल पड़ जाते हैं,
जब यह गूढ़ रहस्य
सहज बनकर
जीवन का स्पंदन बन जाता है।

राजयोग:
सांसारिक भ्रम से परे,
सत्य का अनंत नृत्य।

भक्ति योग: प्रेम का प्रवाह

हृदय के गहरे कोने से,
प्रेम का एक नन्हा सा कंकर उठता है,
और धीरे-धीरे पूरे अस्तित्व को
एक पवित्र धारा में बदलता है।

यह कोई पूजा नहीं,
यह कोई विधि नहीं,
यह केवल आत्मा की लहर है,
जो परम को अपनी बाहों में समेट लेती है।

भक्ति योग वह पथ है,
जहां प्रेम न कोई शर्त मानता है,
न कोई पहचान,
यह तो सिर्फ देने और समर्पण का नाम है।

नयन नहीं, मन नहीं,
केवल एक गहरी चुप्प है,
जो हर पल भगवान की उपस्थिति महसूस करती है,
जैसे एक भक्त,
सिर्फ भगवान को निहारता है,
न बिना कुछ मांगे, न कुछ जाने।

यह प्रेम नहीं केवल शब्दों से जुड़ा,
यह तो चेतना की गहराई में फैला हुआ है,
जैसे नदी का जल
समुद्र की ओर बहता है,
अपने स्रोत से बहुत दूर,
फिर भी अपनी पहचान नहीं खोता।

भक्ति योग,
यह न तो मार्ग है,
न ही कोई बंधन,
यह तो शुद्धता का एक भाव है,
जो सच्चे प्रेम के साथ
ब्रह्म के चरणों में विलीन हो जाता है।

प्रेम का प्रवाह है निरंतर,
रुकता नहीं, थमता नहीं,
भक्ति योग के पथ पर चलते हुए,
हम खुद को समर्पित कर देते हैं
हर उस पल में,
जहां भगवान हमारे भीतर सांस लेता है।

ज्ञान योग: सत्य की खोज

यह कोई रास्ता नहीं,
यह कोई मंजिल नहीं,
यह तो एक शांति है,
जो भीतर की अंधेरी गुफाओं से
सपने की तरह उभरती है।

ज्ञान योग वह प्रक्रिया है,
जो मन के विचारों के जाल को
धैर्य से काटती है,
जैसे धूल से ढकी एक किताब,
जब उसे हल्का सा झटका मिलता है,
तो छिपा हुआ सच दिखाई देता है।

यह खोज नहीं,
यह पहचान है,
उस सत्य की,
जो हर जगह है,
हर पल है,
लेकिन हम उसे देख नहीं पाते।

सांसों के बीच की खामोशी,
मन की स्थिरता,
तभी सत्य के रूप में प्रकट होती है,
जैसे एक प्रतिबिंब,
जो पानी में राजीव होकर
हमसे बातें करने लगता है।

ज्ञान योग,
यह न कोई साधना है,
न कोई लक्ष्य,
यह तो एक निर्बाध यात्रा है,
जहां ज्ञान केवल मिलने की अवस्था नहीं,
बल्कि खोने की प्रक्रिया है,
खुद को समर्पित करते हुए,

सत्य के सागर में डूब जाना।

यह वह रास्ता है,
जहां सवाल की तलाश में
हम स्वयं उत्तर बन जाते हैं,
और हर उत्तर हमें
बस एक और प्रश्न की ओर
ले जाता है।

ज्ञान योग:
यह न अंत है,
न शुरुआत,
यह तो शुद्धता की ओर बढ़ता एक कदम है,
जो हमें हमें ही खोजने का अहसास कराता है।

कर्म योग: सेवा का संकल्प

यह कोई परंपरा नहीं,
यह कोई कर्तव्य नहीं,
यह तो एक आंतरिक पुकार है,
जो बिना शब्दों के
हृदय में गूंजती है।

कर्म योग वह पथ है,
जहां हर क्रिया,
हर आचरण,
एक साधना बन जाती है,
न लाभ की उम्मीद,
न पुरस्कार की चाह,
केवल जीवन का उत्थान है।

जब हाथ किसी की मदद के लिए बढ़ते हैं,
जब कदम किसी की राह को आसान बनाते हैं,
तब कर्म सिर्फ कार्य नहीं होता,
यह तो आत्मा का राग है,
जो सेवा के स्वर में गूंजता है।

यह संकल्प नहीं,
यह समर्पण है,
जिसे कोई भी व्यक्ति
निर्बाध रूप से करता है,
जैसे नदी अपने स्रोत से निकलकर
सागर तक पहुंचने का रास्ता अपनाती है,
बिना थके, बिना रुके।

कर्म योग,
यह न तो साधना का हिस्सा है,
न कोई तपस्या,
यह तो उस आंतरिक शांति का परिचायक है,
जो केवल दूसरों के लिए किया गया कार्य
हमारे भीतर लाता है।

यह सेवा का संकल्प है,
जिसे हर कर्म में जीना है,
और वह कर्म हमें
न केवल बाहरी दुनिया से जोड़ता है,
बल्कि हमारे भीतर की सच्चाई से
गहरे तक जुड़ता है।

कर्म योग:
यह न फल की चाह है,
न ध्यान की साधना,
यह तो अपने ही अस्तित्व को
दूसरों के भले में खोने का नाम है,
जहां हर कर्म
अपने आप में एक पूजा बन जाता है।

हठयोग: आत्मा का अनुशासन

यह कोई कठोरता नहीं,
यह कोई कठिनाई नहीं,
यह तो आत्मा का पुकार है,
जो शरीर और मन को एक छांव में लाता है।

हठयोग वह साधना है,
जो शारीरिक सीमाओं को चुनौती देती है,
निरंतर संघर्ष की तरह,
लेकिन इसका उद्देश्य किसी युद्ध का जीतना नहीं,
बल्कि भीतर की शांति को साकार करना है।

यह शक्ति का प्रदर्शन नहीं,
यह आत्मा की आंतरिक मूक आवाज है,
जो शरीर के हर हिस्से को
समझाने की कोशिश करती है,
कि हर हरकत,
हर सांस,
हर कदम
उसके नियंत्रण में है।

हठयोग में जकड़ी हुई नसों को खोलना,
सांसों को शांति से संजोना,
मांसपेशियों को सहज बनाना–
यह एक गहरी साधना है,
जो हर पल हमें
अपने भीतर की ऊर्जा से जोड़ती है।

यह न तो शक्ति का प्रदर्शन है,
न तपस्या का कठोर रूप,
यह तो आत्मा के अनुशासन का अनुभव है,
जो हमें दिखाता है कि
हर दर्द, हर कठिनाई,
सिर्फ एक अनुभव है,
जो हमें अपने भीतर की गहराई से

अधिक साक्षात्कार कराता है।

हठयोग,
यह शारीरिक कठोरता का एक साधारण रूप नहीं,
यह आत्मा का स्वीकृत अनुशासन है,
जो हमें दिखाता है कि
शरीर और मन की लड़ाई में
सच्ची जीत तब होती है,
जब हम खुद को पूरी तरह से समर्पित कर देते हैं,
अपने भीतर के शांत अस्तित्व को पहचानने में।

लययोगः शांति का संगीत

यह कोई नृत्य नहीं,
यह कोई ध्वनि नहीं,
यह तो हर श्वास के बीच की धड़कन है,
जो हमसे भी पुरानी है,
जो हमारी आत्मा के तारों से बजी है।

लययोग वह संगम है,
जहां हर सांस, हर गति,
अपनी अनोखी ध्वनि में बंधी होती है,
जो शरीर को शांति की ओर ले जाती है,
जैसे संगीत की लय
हमारे भीतर गूंजती है,
बिना किसी शब्द के।

यह नृत्य नहीं,
यह तो एक अविरत धारा है,
जो हमारे हर हरकत में समाई है,
जब हम अपने अस्तित्व के साथ
हर पल की लय में बहते हैं।

हमारे कदम खुद-ब-खुद ताल में पड़ते हैं,
सांसें बिन बोले गाती हैं,
मन की शांति में डूबकर,
हम उस ध्वनि को महसूस करते हैं,
जो हमारे भीतर अनगिनत स्वरों की तरह बजती है।

लययोग,
यह किसी साधना से अधिक है,
यह एक आत्मीयता है,

जो हमें अपने भीतर की संगीत को पहचानने की अनुमति देती है।
यह वह स्थिति है,
जहां शांति का संगीत हर श्वास में बसा होता है,
और हम उस संगीत में स्वयं को खोकर
अंतर्यात्रा की शांति को पा जाते हैं।

लययोग:
यह न कोई अस्तित्व है,
न कोई शर्त,
यह केवल वह क्षण है,
जहां हम अपनी आत्मा की लय को समझते हैं,
और शांति की धारा में बहते जाते हैं।

मंत्र योग: स्वरों का महत्त्व

स्वर से उत्पन्न होता है,
एक शक्ति का संचार,
जो शांति के क्षेत्र को पार करता है,
मन की गहराई में उतरता है।

मंत्र योग वह साधना है,
जहां शब्दों से कहीं अधिक होता है,
एक स्वर का प्रभाव,
जो हमसे पहले,
हमारे भीतर गूंजता है।

यह कोई जप नहीं,
यह कोई आवाज नहीं,
यह तो उस शुद्ध ध्वनि का संगम है,
जो आत्मा और ब्रह्म के बीच
अदृश्य तारों से जुड़ा है।

जब हम कोई मंत्र उच्चारण करते हैं,
हम शब्दों के पार,
उस आंतरिक लय को पकड़ने का प्रयास करते हैं,
जो ब्रह्म के साथ एकाकार हो,
हमारी चेतना का विस्तार करता है।

स्वरों का महत्त्व,
यह न तो केवल उच्चारण है,
न कोई धार्मिक कर्म,
यह तो एक साक्षात्कार है,
जहां हर ध्वनि
हमारे भीतर एक नई ऊर्जा को जागृत करती है।

मंत्र योग,
यह एक साधारण प्रक्रिया नहीं,
यह आत्मा के बारीक तारों को छेड़ने का रास्ता है,
जो हमें सच्चाई की ओर मार्गदर्शन करता है,

हमारी चेतना को ऊंचा उठाता है,
जहां हर स्वर स्वयं में एक सत्य है।

यह वह साधना है,
जहां शब्द नहीं,
स्वर से उत्पन्न ऊर्जा हमें
आध्यात्मिक संसार से जोड़ती है,
और हम केवल सुनते नहीं,
हम गूंजते भी हैं,
उस दिव्य ध्वनि के साथ
जो हमें समग्रता का अहसास कराती है।

कुंडलिनी योगः ऊर्जा का उत्थान

यह कोई चमत्कार नहीं,
यह कोई अदृश्य शक्ति नहीं,
यह तो भीतर की वह गहरी नींद है,
जो लंबे समय से सोई हुई थी।

कुंडलिनी योग वह राह है,
जहां एक शक्तिशाली लहर
हमारे भीतर से उठती है,
एक ऐसी ऊर्जा,
जो अज्ञेय है,
जो बिना शब्दों के
हमसे बात करती है।

यह कोई तीव्र आक्रमण नहीं,
यह तो धीमे-धीमे फैलती हुई एक शांति है,
जो हमारी शिराओं के हर अंग को
जागृत करती है,
हर कोशिका को
नया जीवन देती है।

हमारी सांसों में छिपी
वह अदृश्य शक्ति,
जो पिघलकर, धीरे-धीरे
हमारे भीतर की गहरी शक्ति को
उठाती है।
एक हलचल होती है,
और हम महसूस करते हैं,
कि हर श्वास में
वह अदृश्य ऊर्जा
हमारे भीतर पुनः प्रवाहित हो रही है।

कुंडलिनी योग,
यह न कोई साधारण प्रक्रिया है,
यह आत्मा का उत्थान है,

जो शरीर की सीमा को पार कर
हमें नये आयाम में प्रवेश कराता है।
यह वह यात्रा है,
जहां हर कदम
हमारे भीतर की शक्ति को
नये रूप में प्रकट करता है,
और हम वह बन जाते हैं,
जो हमेशा से थे–
अद्वितीय और सशक्त।

यह ऊर्जा का उत्थान है,
जो हमें जीवन के सच को
न केवल समझाता है,
बल्कि उसे हमारे भीतर
हर पल महसूस कराता है।

तंत्र योग: चेतना का विस्तार

यह कोई जटिल संरचना नहीं,
यह कोई रहस्यमय ग्रंथ नहीं,
यह तो आत्मा का गहरा संवाद है,
जो हमें अपनी सीमाओं से बाहर ले जाता है।

तंत्र योग वह साधना है,
जहां हर साधक
अपने भीतर की शक्तियों को पहचानता है,
और फिर उन शक्तियों को
समग्रता में जोड़ता है।
यह कोई बाहरी क्रिया नहीं,
यह तो एक आंतरिक विस्फोट है,
जो हर कोशिका में
नई चेतना का संचार करता है।

हमारी काया में छिपी
वह अनदेखी ऊर्जा,
जो हमें हर पल
नई दिशा में ले जाती है,
तंत्र योग उसे उत्तेजित करता है,
जैसे नदी का प्रवाह,
जो अपना रास्ता खुद बनाती है,
हर अड़चन को पार करती हुई।

यह कोई मंत्र नहीं,
यह कोई मंत्र की माला नहीं,
यह तो चेतना का एक विस्तार है,
जो हमें इस ब्रह्मांड से जोड़ता है,
हमारी सीमित सोच को
असीमित आकार में बदलता है।

तंत्र योग,
यह न केवल साधना का मार्ग है,
यह जीवन के सच को समझने का एक तरीका है,

जहां हर क्रिया,
हर स्वर,
हर विचार,
हमारे भीतर एक गहरी लय में बदल जाता है,
और हम चेतना के उस विस्तार में
सभी अस्तित्वों से जुड़ जाते हैं।

यह विस्तार है,
जो हमें यह एहसास कराता है,
कि हम अकेले नहीं हैं,
हम इस विशाल ब्रह्मांड का हिस्सा हैं,
जिसकी हर ऊर्जा,
हर चेतना,
हमारे भीतर निरंतर प्रवाहित होती है।

अष्टांग योग के आठ अंग

यमः संयम का सूत्र: यम वह पहला कदम है जो योग के अनुशासन को समझने का आधार है। इसमें शारीरिक और मानसिक संयम की आवश्यकता होती है। यम के पाँच मुख्य अंग हैं: अहिंसा (हिंसा से दूर रहना), सत्य (सच्चाई का पालन करना), अस्तेय (चोरी से दूर रहना), ब्रह्मचर्य (संयमित जीवन), और अपरिग्रह (अत्यधिक संग्रह से बचना)। यम साधक को अपने आचरण में संयमित और नैतिक बनाता है, जिससे वह आंतरिक शांति और स्थिरता प्राप्त कर सकता है।

नियमः स्वच्छता से संतोष: नियम का अर्थ है व्यक्तिगत अनुशासन और स्वच्छता को अपनाना। यह शारीरिक, मानसिक और आहार संबंधी नियमों के पालन से संबंधित है। स्वच्छता, संतोष, तप, और अध्ययन को इसमें शामिल किया जाता है। नियम योगी को अपने जीवन में पवित्रता, संतोष और नियमितता बनाए रखने की प्रेरणा देता है।

आसनः स्थिरता का सुख: आसन का अर्थ है शरीर को स्थिर और आरामदायक स्थिति में लाना। यह शारीरिक मुद्रा को दर्शाता है जो ध्यान और साधना के दौरान दीर्घकालिक स्थिरता और आराम प्रदान करती है। सही आसन से शरीर की ऊर्जा का प्रवाह संतुलित होता है, और साधक को मानसिक शांति और ध्यान में गहराई प्राप्त होती है।

प्राणायामः श्वासों की शक्ति: प्राणायाम का अर्थ है श्वासों की शुद्धि और नियंत्रण। यह श्वासों के माध्यम से शरीर और मन को शुद्ध करता है और जीवन शक्ति (प्राण) को नियंत्रित करता है। प्राणायाम साधक को मानसिक शांति, तनाव से मुक्ति, और शारीरिक स्वास्थ्य में सुधार प्रदान करता है। यह ध्यान और अन्य योगिक क्रियाओं के लिए आधारभूत तकनीक है।

प्रत्याहारः इंद्रियों का वश: प्रत्याहार का अर्थ है इंद्रियों का नियंत्रण करना। यह बाहरी दुनिया के आकर्षणों और इच्छाओं से मुक्ति पाने की प्रक्रिया है। जब इंद्रियां शांत होती हैं, तो मन भी शांत होता है, जिससे ध्यान की स्थिति में गहराई आती है। प्रत्याहार साधक को आत्म-नियंत्रण और आत्म-निरीक्षण की ओर मार्गदर्शन करता है।

धारणाः ध्यान की दीक्षाः धारणा का अर्थ है एक बिंदु पर एकाग्रता रखना। यह ध्यान की प्रक्रिया में पहला कदम है, जहां मन को एक निश्चित वस्तु, विचार, या ध्वनि पर स्थिर किया जाता है। धारणा साधक को मानसिक स्थिरता और आत्म-नियंत्रण की ओर अग्रसर करती है, जिससे वह ध्यान की उच्च स्थिति में प्रवेश करता है।

ध्यानः मन की साधनाः ध्यान का अर्थ है मन को पूरी तरह से एकाग्र करना। यह एक गहरी मानसिक अवस्था है, जहां विचारों का प्रवाह रुक जाता है और मन पूरी तरह से केंद्रित होता है। ध्यान से साधक अपने भीतर की शांति, जागरूकता और आत्म-साक्षात्कार की ओर बढ़ता है। यह योग की सर्वोत्तम अवस्था मानी जाती है, जहां व्यक्ति अपने अस्तित्व की गहरी समझ प्राप्त करता है।

समाधिः आत्मा की यात्राः समाधि योग की अंतिम अवस्था है, जिसमें साधक अपने आत्मा से मिलन की स्थिति में पहुंचता है। यह वह अवस्था है जब सभी भेदभाव समाप्त हो जाते हैं और साधक ब्रह्मा या सर्वोच्च चेतना के साथ एक हो जाता है। समाधि में व्यक्ति आत्म-साक्षात्कार प्राप्त करता है, और उसकी यात्रा का उद्देश्य पूर्ण होता है। यह योग का अंतिम लक्ष्य है, जहां ज्ञान और आत्मा का मिलन होता है।

यम: संयम का सूत्र

यम,
जीवन की नींव,
जहां आत्मा और प्रकृति एक हो जाते हैं।
यह पहला कदम है,
जो भीतर के अंधकार को मिटाकर
प्रकाश की ओर ले चलता है।

अहिंसा,
कोमलता की सबसे गहरी परिभाषा।
हाथों की कठोरता नहीं,
मन के तीखे विचार भी हिंसा हैं।
अहिंसा का अर्थ है–
शब्दों से निर्मित पुल,
जहां कोई टूटन न हो।
एक ऐसा संसार,
जहां दिल सिर्फ जोड़ने का काम करें।

सत्य,
वह दीपक,
जो भीतर की गहराई में जलता है।
यह केवल बोलने का नहीं,
सोचने का भी सत्य है।
अपनी वास्तविकता से मिलना,
दुनिया के आवरणों को उतार फेंकना,
और अपने आप से कहना–
"मैं वही हूं जो हूं।"

अस्तेय,
उस चुपचाप चलने वाली नदी की तरह,
जो बिना किसी इच्छा के बहती है।
यह केवल वस्तुओं का नहीं,
विचारों का भी त्याग है।
दूसरों के सपनों को छीनने से इनकार,
अपने भीतर का खजाना ढूंढ़ने की यात्रा।

ब्रह्मचर्य,
न केवल देह का संयम,
बल्कि ऊर्जा का संचय।
यह आत्मा को दिशा देने का मार्ग है,
उन्हें ऊंचाई तक ले जाने का वादा।
यह भोग से मुक्ति नहीं,
बल्कि भोग को समझने का विज्ञान है।

अपरिग्रह,
एक वृक्ष की तरह,
जो अपने फूल और फल
खुद के लिए नहीं रखता।
यह मोह का अंत है,
आत्मा की उड़ान का प्रारंभ।
अपरिग्रह सिखाता है,
छोड़ने में जो आनंद है,
वह पाने में नहीं।

यम,
केवल नियम नहीं,
जीवन का प्रथम पाठ है।
यह ध्यान की गहराई में उतरने से पहले
सांसों की सफाई है।
यह भीतर की हर गांठ को खोलकर,
हमें तैयार करता है
उस अनंत के लिए,
जहां योग केवल शब्द नहीं,
एक अनुभव बनता है।

यम वह धरातल है
जहां आत्मा की जड़ें गहराई तक फैलती हैं,
जहां जीवन की शाखाएं
शांति और प्रेम का फल देती हैं।
यम,
हर यात्रा का आरंभ है,
हर आत्मा की पहली सीख।

नियमः स्वच्छता से संतोष

नियम,
जीवन का दूसरा अध्याय,
जहां अस्तित्व का अर्थ
संयम और स्वच्छता में समाया है।
यह भीतर की यात्रा का वचन है,
एक ऐसा मार्ग,
जो आत्मा को शुद्धता और स्थिरता के समीप लाता है।

शौच,
शरीर और मन की पवित्रता।
यह केवल बाहर का जल नहीं,
भीतर की गंदगी को धोने का प्रयास है।
अहंकार की परतों को उतारकर
अपने वास्तविक स्वरूप को पहचानना।
शौच सिखाता है
कि स्वच्छता का अर्थ
हर विचार, हर भावना,
हर कर्म में निर्मलता है।

संतोष,
एक ठहरे हुए जल का सरोवर।
जहां इच्छाएं आकर शांत हो जाती हैं।
यह पूर्णता का अनुभव है,
जो बाहर की चीजों में नहीं,
अपने भीतर के खजाने में छुपा है।
संतोष कहता है–
"जो तुम्हारे पास है,
वही तुम्हारा संसार है।"

तप,
जीवन की अग्नि।
यह शरीर और मन की परीक्षा नहीं,
बल्कि आत्मा को परिष्कृत करने की साधना है।
तप सिखाता है
दुख में धैर्य और सुख में संयम।
यह वह ज्वाला है
जो हर अशुद्धि को भस्म कर देती है।

स्वाध्याय,
ज्ञान का दीपक।
यह केवल ग्रंथों का पाठ नहीं,
अपने भीतर के पन्नों को पढ़ने का साहस है।
हर प्रश्न के उत्तर,
हर संदेह का समाधान
हमारे भीतर छुपा है।
स्वाध्याय हमें
अपनी आत्मा का प्रतिबिंब दिखाता है।

ईश्वर प्रणिधान,
पूर्ण समर्पण की कला।
यह विश्वास है उस शक्ति पर
जो हर सांस में बसती है।
यह अहंकार का त्याग है,
अपने आप को उस असीम
सत्य के हवाले करने का साहस।
ईश्वर प्रणिधान कहता है–
"तुम अकेले नहीं हो,
हर कदम पर एक अदृश्य हाथ
तुम्हें सहारा दे रहा है।"

नियम,
जीवन का अनुशासन है,
हर दिन को साधना में बदलने का वचन।
यह भीतर के तूफानों को शांत कर,
हमें ध्यान की स्थिरता के लिए तैयार करता है।
यह जीवन के हर हिस्से को
योग के रंगों से रंगता है।

नियम,
एक पथ है,
जो हमें अराजकता से उठाकर
सत्य, शांति और आनंद की ओर ले जाता है।
यह अनुशासन नहीं,
स्वतंत्रता है–
अपने वास्तविक स्वरूप में जीने की।

आसनः स्थिरता का सुख

आसन,
शरीर का संवाद आत्मा से,
वह स्थिरता जहां विचार थम जाते हैं
और श्वास की लय
संगीत बनकर बहने लगती है।
यह केवल मुद्राओं का अभ्यास नहीं,
बल्कि भीतर और बाहर के बीच
एक पुल का निर्माण है।

हर आसन,
एक कहानी कहता है।
पृथ्वी की गोद में बैठे
वृक्षासन की जड़ें
धरती की ओर बढ़ती हैं,
जैसे स्थिरता का पाठ पढ़ाती हों।
वृक्ष हमें सिखाता है–
संघर्ष के बीच भी संतुलन रखना।

शवासन,
मृत्यु की शांति का अनुभव।
यह केवल शरीर को फैलाकर लेटना नहीं,
बल्कि हर चिंता को,
हर बंधन को छोड़ देना है।
यह आत्मा का विसर्जन है,
जहां हम स्वयं से
मिलने का साहस करते हैं।

पद्मासन,
कमल की तरह,
जो कीचड़ में खिलता है,
पर हर स्पर्श से मुक्त रहता है।
यह मुद्रा,
सहजता और स्थिरता का प्रतीक है,
जहां शरीर और मन

ध्यान की गहराई में डूब जाते हैं।

हर आसन,
एक प्रार्थना है–
प्रकृति के प्रति,
स्वयं के प्रति।
यह मस्तिष्क को शांत कर
शरीर को मजबूत बनाता है।
यह केवल अभ्यास नहीं,
जीवन की कला है।

जब हम वीरभद्रासन में खड़े होते हैं,
तो साहस का अनुभव करते हैं।
यह मुद्रा हमें याद दिलाती है
कि हर युद्ध के बीच भी,
हम भीतर से शांत रह सकते हैं।

त्रिकोणासन,
अंतरिक्ष और धरती का मिलन।
यह मुद्रा सिखाती है
संतुलन और विस्तार,
कि हमारे भीतर
हर दिशा का स्पर्श है।

आसन केवल शरीर को मोड़ने और खींचने का नाम नहीं,
यह मन को स्थिर करने का साधन है।
यह शारीरिक शक्ति से
आध्यात्मिक शक्ति तक की यात्रा है।

आसन वह द्वार है
जो ध्यान की ओर खुलता है।
यह स्थिरता और सहजता का विज्ञान है,
जहां शरीर
मिट्टी की तरह लचीला हो जाता है,
और आत्मा,
आकाश की तरह असीम।

हर आसन,
एक प्रतीक है,
जो हमें सिखाता है
जीवन को संतुलन में जीने का।
यह केवल अभ्यास नहीं,
यह योग का पहला स्पर्श है–
जहां शरीर, मन, और आत्मा
एकता का अनुभव करते हैं।

आसन,
वह स्थिरता है,
जहां विचार थम जाते हैं
और शांति का सागर
हृदय में भरने लगता है।

प्राणायामः श्वासों की शक्ति

प्राणायाम,
जीवन की वह धारा
जो अदृश्य, असीम, और अनश्वर है।
यह श्वासों का संवाद है,
भीतर की ऊर्जा का जागरण,
जहां हर सांस
एक नयी कहानी कहती है।

प्राण,
वह शक्ति है
जो हमें जीवित रखती है।
यह हवा से अधिक,
जीवन का सार है,
जो हर कोशिका में बहता है,
हर पल, हर क्षण।

आयाम,
इस प्राण को दिशा देना,
इस ऊर्जा को साधना।
यह केवल श्वास लेना और छोड़ना नहीं,
बल्कि श्वास को
जीवन के हर आयाम से जोड़ना है।

जब हम अनुलोम-विलोम करते हैं,
तो जीवन की धारा
संतुलन पाती है।
यह श्वासों का संगम है,
जहां बाएं और दाएं
एक लय में बंध जाते हैं।
यह सिखाता है–
हर विपरीतता के बीच
एक सामंजस्य खोज लेना।

कपालभाति,
आग की तरह,
जो हर अशुद्धि को जलाकर
हमें भीतर से साफ करता है।
यह केवल पेट का हिलना नहीं,
यह ऊर्जा का जागरण है,
जहां हर श्वास
नवीनता का वचन देती है।

भस्तिका,
एक भट्टी की तरह,
जो शरीर को शक्ति से भर देती है।
यह उग्रता नहीं,
बल्कि आत्मा को तेजस्वी बनाने की प्रक्रिया है।
हर श्वास में
जीवन की आग जलती है,
हर छोड़ने में
अभिमान और दुख भस्म हो जाते हैं।

भ्रामरी,
मधुमक्खी की गुनगुनाहट,
जो भीतर की शांति को जाग्रत करती है।
यह कानों से परे
मन की गहराई तक जाती है,
जहां हर ध्वनि
सन्नाटे में बदल जाती है।
यह हमें सिखाती है–
ध्वनि के पीछे की
अवाक् शांति को सुनना।

उज्जायी,
महासागर की गूंज,
जो भीतर की लहरों को स्थिर कर देती है।
यह आत्मा का स्वर है,
जो हर श्वास में
विश्वास और साहस का पाठ पढ़ाती है।

प्राणायाम,
शरीर से आत्मा तक की यात्रा है।
यह केवल हवा का आदान-प्रदान नहीं,
जीवन का पुनरुत्थान है।
यह सिखाता है–
कैसे हर सांस
एक अवसर है,
हर छोड़ना
एक मुक्ति।

जब हम श्वास को साधते हैं,
तो मन भी साधता है।
यह तूफान के बीच
एक शांत केंद्र का अनुभव है।
यह भीतर की उथल-पुथल को रोककर,
शांति के सागर तक पहुंचने का मार्ग है।

प्राणायाम,
योग का वह पहलू है
जहां हम जीवन को
उसकी गहराई में समझते हैं।
यह श्वासों का विज्ञान है,
जो शरीर, मन, और आत्मा को
एक सूत्र में बांधता है।

हर श्वास,
जीवन का प्रतीक है।
हर प्राणायाम,
उस प्रतीक को समझने का प्रयास।
यह केवल साधना नहीं,
जीवन को
योग में बदलने की कला है।

प्रत्याहार: इंद्रियों का वश

प्रत्याहार,
एक यात्रा भीतर की ओर,
जहां बाहरी शोर
धीरे-धीरे सन्नाटे में बदल जाता है।
यह इंद्रियों का लौटना है,
जैसे नदी अपने स्रोत की ओर
वापस चली जाए।

आंखें,
जो हर क्षण संसार को निहारती हैं,
अब बंद हो जाती हैं,
जैसे किसी अंधकार में
प्रकाश की खोज में।
यह बाहर की छवियों से परे
भीतर के दृश्य को देखने का साहस है।
यह सिखाती हैं–
जो दीखता है,
वह सत्य नहीं,
जो भीतर छुपा है,
वही असल पहचान है।

कान,
जो हर आवाज पर झूमते हैं,
अब स्थिर हो जाते हैं।
वे सुनना बंद कर देते हैं
और सन्नाटे की ध्वनि में
सच्चा संगीत खोजते हैं।
यह सिखाता है–
ध्वनि के पीछे भी
शांति का घर है।

त्वचा,
जो हर स्पर्श को महसूस करती है,
अब स्थिर हो जाती है।

यह भीतर के स्पर्श को
पहचानने का मार्ग है।
यह सिखाती है–
हर अनुभव
केवल बाहरी नहीं होता,
भीतर भी एक संसार है।

जीभ,
जो स्वाद के पीछे दौड़ती है,
अब मौन हो जाती है।
यह सिखाती है–
सत्य का स्वाद
किसी व्यंजन में नहीं,
भाषा और विचारों के परे है।
यह भीतर के रस को चखने का
अभ्यास है।

नासिका,
जो हर सुगंध में सुख खोजती है,
अब उसे छोड़ देती है।
यह हवा के पीछे छुपे
जीवन के मूल को पहचानने का प्रयास है।
यह सिखाती है–
सुगंध और दुर्गंध के परे भी
एक शाश्वत प्राण बहता है।

प्रत्याहार,
इंद्रियों का अंत नहीं,
बल्कि उनका विलय है,
जहां वे बाहरी जगत से
भीतर की ओर लौट आती हैं।
यह एक पुल है
जो हमें ध्यान के सागर तक ले जाता है।

यह सिखाता है–
बाहर की दुनिया

केवल भ्रम है,
सत्य की खोज भीतर है।
यह मन को शांत कर,
हमें अपने केंद्र तक ले जाता है।

प्रत्याहार वह मौन है
जो हर शोर को निगल लेता है।
यह वह प्रकाश है
जो हर छाया को मिटा देता है।
यह इंद्रियों का विश्राम है,
जहां वे आत्मा के आदेश पर चलने लगती हैं।

यह अभ्यास नहीं,
स्वतंत्रता है–
बाहरी बंधनों से,
इच्छाओं की दौड़ से,
और संसार के शोर से।

प्रत्याहार,
योग का वह अंग है
जो हमें भीतर का सत्य दिखाता है।
यह इंद्रियों का लौटना है,
मूल की ओर,
स्रोत की ओर।
यह मौन का गान है,
जहां हर इंद्रिय
शांति में विलीन हो जाती है।

धारणा: ध्यान की दीक्षा

धारणा,
वह अग्नि है
जो भटकते मन को स्थिर करती है,
वह दीपक है
जो अंधकार के बीच जलता है।
यह क्षणों को पकड़ने की कला है,
जहां समय ठहर जाता है
और केवल एक बिंदु
हमारे अस्तित्व का केंद्र बन जाता है।

यह मन का स्थिर होना है,
एक नदी की तरह,
जो पहाड़ों को पार कर
सागर की ओर बहती है,
पर हर मोड़ पर
सिर्फ एक ही लक्ष्य देखती है।
यह सिखाती है–
विचारों की भीड़ में भी
कैसे एक लक्ष्य को पकड़ें,
जैसे तीर अपने लक्ष्य की ओर दौड़ता है।

जब हम धारणा में बैठते हैं,
तो भीतर का शोर
धीरे-धीरे मौन में बदलता है।
यह भीतर की यात्रा है,
जहां हर सांस
एक मंत्र बन जाती है,
हर धड़कन
एक प्रार्थना।

धारणा सिखाती है
मन को बांधना,
एक बिंदु पर,
एक विचार पर,

एक धारा पर।
यह सिखाती है
कि जीवन की अनंत दिशाओं में
सिर्फ एक ही पथ पर चलना है।

कल्पना करो,
सूरज को देख रहे हो,
उसकी किरणें फैल रही हैं,
पर तुम्हारी दृष्टि
सिर्फ उसके केंद्र पर टिकती है।
यह धारणा है–
बिखराव के बीच एकाग्रता।

जब विचार दौड़ते हैं
जंगली घोड़ों की तरह,
धारणा लगाम बनती है,
उन्हें एक मार्ग पर लाने के लिए।
यह सिखाती है–
हर भटकाव में भी
कैसे स्थिर रहें।

यह केवल ध्यान का प्रारंभ नहीं,
बल्कि उसकी नींव है।
यह अभ्यास है
हर पल में जीने का,
हर क्षण में खोने का।
यह सिखाती है–
भूत और भविष्य के बीच,
कैसे वर्तमान का स्वाद चखें।

धारणा,
मन और आत्मा के बीच का पुल है।
यह केवल एक बिंदु पर टिकना नहीं,
बल्कि उस बिंदु में
अपने पूरे अस्तित्व को समर्पित करना है।
यह सिखाती है–

जीवन का हर कार्य
एक पूजा है,
हर विचार
एक प्रार्थना।

जब धारणा साकार होती है,
तो मन एक दर्पण बन जाता है,
जिसमें केवल सत्य का प्रतिबिंब दिखता है।
यह सिखाती है–
कैसे जीवन को
एकाग्रता के दीप से रोशन करें।

यह केवल योग नहीं,
जीवन का दर्शन है।
यह सिखाती है
कि हर क्षण में,
हर विचार में,
कैसे स्वयं को खोकर
स्वयं को पा लिया जाए।

धारणा,
एक बीज है
जो ध्यान का वृक्ष बनता है।
यह स्थिरता है,
जहां विचार
शांत झील की तरह
स्थिर हो जाते हैं।
यह वह कला है
जो हमें अपने भीतर
असीम विस्तार का अनुभव कराती है।

धारणा,
एक दीपक है,
जो हमारे भीतर जलता है,
और हमें दिखाता है
जीवन के वास्तविक प्रकाश को।

ध्यान: मन की साधना

ध्यान,
जहां मन
शब्दों की सीमाएं पार कर जाता है,
जहां विचार
शून्य में विलीन हो जाते हैं।
यह वह पल है
जब समय रुक जाता है,
सांसें थम-सी जाती हैं,
और आत्मा
अपने अस्तित्व से साक्षात्कार करती है।

यह मौन का आलिंगन है,
जहां शोर
सिर्फ एक स्मृति बनकर रह जाता है।
यह वह गहराई है
जहां लहरें शांत होती हैं,
और सागर का तल
स्पष्ट हो उठता है।
ध्यान सिखाता है
देखना,
पर आंखें मूंदकर,
सुनना,
पर कान बंद करके,
समझना,
पर सोच को पीछे छोड़कर।

यह कोई क्रिया नहीं,
बल्कि अस्तित्व का अनुभव है।
यह सिखाता है
कि जो खोजते हैं बाहर,
वे केवल छाया पाते हैं,
पर जो भीतर झांकते हैं,
वे सूर्य का साक्षात्कार करते हैं।

ध्यान है
सांसों के भीतर का संगीत।
हर गहरी सांस
जैसे जीवन की गहराई को छू लेती है।
हर क्षण,
एक अनंत विस्तार बन जाता है।
यह सिखाता है
कि सांसें केवल हवा नहीं,
बल्कि आत्मा का स्पंदन हैं।

ध्यान,
जहां मन
एक कांच की तरह साफ हो जाता है।
विचार आते हैं,
पर गुजर जाते हैं,
जैसे बादल नीले आकाश को
ढके बिना चले जाते हैं।
यह सिखाता है
कि हम विचार नहीं हैं,
हम उनके पीछे छिपा
शुद्ध अस्तित्व हैं।

ध्यान वह दीया है
जो भीतर जलता है,
पर उसकी लौ
कभी डगमगाती नहीं।
यह वह प्रकाश है
जो अंधकार को छूकर भी
उसमें खोता नहीं।
यह सिखाता है
कि भीतर का प्रकाश
कभी नहीं बुझता,
यह शाश्वत है,
जैसे आत्मा।

ध्यान है

अपने होने की सच्चाई को देखना।
यह अपने भीतर
संपूर्ण ब्रह्मांड को पाना है।
यह सिखाता है
कि हम केवल देह नहीं,
हम केवल मन नहीं,
हम वह हैं
जो इन सबके परे है।

ध्यान,
जहां कोई द्वंद्व नहीं।
न भूत, न भविष्य,
सिर्फ वर्तमान।
यह पल,
यहीं,
अब।
यह सिखाता है
जीवन की शाश्वतता को
एक क्षण में देखना।

ध्यान,
एक नदी है,
जो आत्मा के महासागर में
मिल जाती है।
यह सिखाता है
कि पृथक्कता केवल भ्रम है,
और हम सदा से
एक ही रहे हैं।
यह आत्मा का गीत है,
जो मौन में गाया जाता है।

ध्यान,
जहां सांसें
मंत्र बन जाती हैं।
जहां हर धड़कन
एक प्रार्थना है।

जहां हर क्षण
सदियों के बराबर होता है।
यह सिखाता है
कि जीवन का सत्य
बाहर नहीं,
भीतर है।

ध्यान,
अंतहीन आकाश की तरह है,
जहां सब कुछ
समाहित हो जाता है।
यह वह शांति है
जो हर तूफान के बाद आती है।
यह वह सत्य है
जो हर खोज के अंत में पाया जाता है।

ध्यान,
अष्टांग योग का वह मोती है,
जिसमें ब्रह्मांड की हर किरण
समाहित है।
यह आत्मा का स्वर्णिम दीपक है,
जो सदा जलता रहता है।

समाधि: आत्मा की यात्रा

समाधि,
जहां शब्द समाप्त हो जाते हैं,
जहां विचार
अपने अंतिम पड़ाव पर ठहर जाते हैं।
यह वह शांति है
जो मौन के पार है,
जहां न ध्वनि है, न शोर,
केवल शून्यता की ध्वनि।

यह आत्मा का आकाश है,
जहां सीमाएं टूटती हैं,
जहां "मैं" और "तुम"
घुलकर एक हो जाते हैं।
समाधि वह क्षण है
जब नदी सागर से मिलती है,
और उसकी पहचान
सागर के विस्तार में खो जाती है।

यह कोई अवस्था नहीं,
बल्कि स्थिति का अंत है।
यह यात्रा का अंतिम पड़ाव नहीं,
बल्कि यात्रा का विलय है।
यह वह दीपक है
जो जलता तो है,
पर उसकी लौ
स्मृतियों से परे होती है।

समाधि,
जहां सांसें
सहज हो जाती हैं,
जहां धड़कनें
प्रकृति का हिस्सा बन जाती हैं।
यह वह स्थान है
जहां शरीर का बोध

मिट जाता है,
जहां मन का खेल
खत्म हो जाता है।
यह शून्य है,
जो अनंत को जन्म देता है।

यह सिखाती है
कि अस्तित्व के उस पार भी
कुछ है–
कुछ ऐसा
जो देखा नहीं जा सकता,
पर अनुभव किया जा सकता है।
यह सत्य का अनुभव है,
जो केवल भीतर के मौन से मिलता है।

समाधि,
जहां दिन और रात का भेद नहीं।
जहां समय
अपने मायने खो देता है।
यह वह क्षण है
जहां जन्म और मृत्यु
सिर्फ शब्द बनकर रह जाते हैं।
यह आत्मा का
अपने स्रोत से मिलन है,
जहां हर बंधन टूटता है।

यह सिखाती है
कि खोज का अंत
हमेशा भीतर होता है।
जो बाहर देखते हैं,
वे केवल छायाओं में उलझते हैं।
पर जो भीतर झांकते हैं,
वे अंधकार में प्रकाश पाते हैं।
समाधि,
वह प्रकाश है।

यह अस्तित्व का वह तल है,
जहां कोई द्वंद्व नहीं।
न सुख, न दुःख।
न हानि, न लाभ।
यह केवल "होने" की अवस्था है।
यह परम तटस्थता है,
जहां मन
सदियों के संतुलन में डूब जाता है।

यह सिखाती है
कि हम जो सोचते हैं,
वह सब भ्रम है।
सत्य वह है,
जो विचारों से परे है।
समाधि,
विचारों का अंत है।
यह बोध है,
कि हम केवल देह नहीं,
हम केवल मन नहीं,
हम अनंत चेतना हैं।

समाधि वह अवस्था है
जहां आत्मा
असीम विस्तार में विलीन होती है।
जहां न कोई सीमा है,
न कोई लक्ष्य।
यह शून्यता का विस्तार है,
जो हर दिशा में अनंत है।

यह सिखाती है
कि जीवन और मृत्यु का चक्र
सिर्फ एक दृष्टि का खेल है।
जो इस चक्र को पार कर लेता है,
वही समाधि को पा लेता है।
यह मोक्ष है,
मुक्ति है,

परम सत्य का अनुभव है।

समाधि,
एक मौन का महासागर है।
यह न तो जीत है,
न हार।
यह केवल अस्तित्व का
शुद्धतम रूप है।
यह वह सत्य है,
जो हर खोज के अंत में मिलता है।

समाधि,
एक गहरी सांस है,
जो जीवन और मृत्यु को
साथ में समेट लेती है।
यह आत्मा का गीत है,
जो मौन में गूंजता है।
यह योग का अंतिम फल है,
जो हर साधना को
पूर्णता तक ले जाता है।

हठ योग के छः अंग

हठयोग के निम्न 6 अंग योग और आयुर्वेद में शारीरिक और मानसिक शुद्धि के महत्वपूर्ण उपाय हैं, जिन्हें आमतौर पर शुद्धि क्रियाएँ कहा जाता है। इनका उद्देश्य शरीर, मन, और आत्मा की सफाई और पुनर्संतुलन है। आइए, इनका संक्षेप में परिचय करते हैं:

1. नेतिः नेति क्रिया नासिका के माध्यम से श्वास नलिका की सफाई करने की प्रक्रिया है। इसका उद्देश्य श्वसन तंत्र को शुद्ध करना और नाक में स्थित अवरोधों को दूर करना है। यह क्रिया मानसिक शांति भी प्रदान करती है और मानसिक स्पष्टता में सुधार लाती है।

2. धौतीः यह क्रिया पेट की सफाई के लिए की जाती है, जिससे आंतों में जमा विषाक्त पदार्थों को बाहर निकाला जाता है। इसका उद्देश्य पेट और आंतों की गंदगी को साफ करना है, जिससे पाचन क्रिया में सुधार होता है और शरीर से विषाक्त पदार्थों की निकासी होती है।

3. बस्तिः बस्ति क्रिया एक प्रकार का शारीरिक शुद्धिकरण है, जिसमें पानी का उपयोग आंतरिक अंगों को शुद्ध करने के लिए किया जाता है। यह आयुर्वेद में प्रयोग की जाती है, विशेषकर पेट और आंतों की सफाई के लिए। इसमें जल से शरीर की आंतरिक सफाई की जाती है।

4. कपालभातिः कपालभाति एक श्वसन क्रिया है जो शारीरिक और मानसिक स्वास्थ्य को सुधारने के लिए की जाती है। इसमें तेज श्वास छोड़ने और पुनः श्वास अंदर लेने की क्रिया की जाती है। यह मस्तिष्क को ताजगी देती है और मानसिक तनाव को दूर करती है। यह मस्तिष्क की गतिविधियों को तेज और सकारात्मक बनाती है।

5. त्राटक: त्राटक एक ध्यान साधना का प्रकार है जिसमें व्यक्ति अपनी आंखों को एक बिंदु पर केंद्रित करता है। यह आंखों की शक्ति बढ़ाता है और मानसिक ध्यान को मजबूत करता है। यह क्रिया मानसिक स्पष्टता, ध्यान, और संयम में वृद्धि करती है।

6. नौली: नौली एक योगाभ्यास है जो पेट के व्यायाम के द्वारा शरीर को शुद्ध करता है। इसमें आंतरिक अंगों को सक्रिय किया जाता है और पेट की मांसपेशियों को मज़बूती मिलती है। यह पाचन क्रिया को सुधारने और शरीर को ऊर्जावान बनाने के लिए बहुत फायदेमंद है।

नेति: नासिका शोधन की क्रिया

नेति, नासिका की पवित्रता की साधना,
जिसे श्वास और प्राण के संयोग से खोजते हैं हम।
नासिका से निकलने वाली हर साँस,
कितनी अनकही बातें, कितनी गहराइयाँ समेटे हुए होती है,
यह साधना केवल शारीरिक नहीं,
मन की कंदराओं तक गहरी यात्रा है।

नासिका से उतरते श्वास,
संसार के कोलाहल से परे,
हमारे भीतर की ध्वनियों तक पहुँचते हैं।
एक स्वच्छ नलिका, एक शुद्ध मार्ग,
जहाँ से जीवन का प्रवाह बिना रुकावट के बहता है,
समझने का, महसूस करने का,
एक नया तरीका उत्पन्न होता है।

हर श्वास की यात्रा में,
एक रहस्य छुपा होता है–
वह रहस्य जो बाहरी दुनिया से नहीं,
भीतर की शांति से मिलता है।
नेति क्रिया हमें सिखाती है,
कैसे अपने भीतर के असंतुलन को
समान रूप से संतुलित किया जाए।

यह साधना केवल शारीरिक सफाई का कार्य नहीं,
बल्कि आत्मा की गहराई से जुड़ा एक संवाद है।
जहाँ हम नासिका से बाहरी संसार को शुद्ध करते हैं,
वहीं हम अपने भीतर के असमर्थताओं,
अशांति और भ्रम को भी बाहर निकालते हैं।

नेति, वह सीधी राह है,
जो हमें सत्य और संतुलन की ओर ले जाती है,

यह एक प्रक्रिया है,
जो शरीर और मन को सही दिशा में लाती है।
यह एक निरंतर बहता हुआ जल है,
जो भीतर के पुराने विषाक्त पदार्थों को साफ करता है,
और नए जीवन की ओर बढ़ने का साहस देता है।

यह साधना न केवल शुद्ध करती है,
बल्कि आत्मा के भीतर एक नई ऊर्जा को जन्म देती है।
नेति, जो हमारे श्वास और जीवन के बीच
एक स्थिर पुल बनाती है,
वह हमें एक नई दृष्टि प्रदान करती है,
जहाँ हर साँस हमारे अस्तित्व को और गहरे रूप से जानने का
अवसर बन जाती है।

इस साधना से गुजरने के बाद,
हम समझ पाते हैं कि शुद्धि केवल बाहरी नहीं,
भीतर की ध्वनियों, भावनाओं और विचारों का भी सच है।
नेति, शुद्धि की यह अद्वितीय कला,
हमारे भीतर के संसार को उजागर करने का
एक अद्भुत तरीका है।

धौतीः पेट की सफाई के उपाए

धौति, एक प्रक्रिया, एक पवित्र कार्य,
जिसमें जीवन के भीतर के सारे विष,
आत्मा के कोने-कोने तक समाहित हो जाते हैं।
यह शुद्धि न केवल शारीरिक,
बल्कि मन की जटिलताओं और विचारों की भी सफाई है।
धौति वह अदृश्य जल है,
जो आंतरिक अवरोधों को बहाकर,
हमारे भीतर की हलचल को शांत करता है।

जब पेट की गहराई से निकलते हैं ये रचनात्मक क्रियाएँ,
सिर्फ पेट ही नहीं,
हमारे मन के तमाम विचार भी फिर से जन्म लेते हैं,
स्वच्छ, शांत, अनवरत रूप से बहते हुए।
हर वह प्रक्रिया, हर वह क्रिया,
जो पेट को पुनः जीवन देती है,
वह आत्मा के कोने में बसे पुरानी धुंध को हटाती है।
हमारी आंतरिक गुफाओं से गुजरते हुए,
यह जीवन की पुरानी ध्वनियों को शुद्ध करती है,
नए संगीत को जन्म देती है।

धौति, वह पल है जब शरीर की सफाई
एक नए जन्म की शुरुआत होती है,
पेट की गहरी शुद्धि से निकलती है वह ऊर्जा,
जो दिमाग और आत्मा की कक्षा तक पहुंचती है।
यह प्रक्रिया केवल शरीर की सफाई नहीं,
यह हमारी पूरी पहचान को फिर से आकार देती है,
हमारे विचारों और संवेदनाओं को ताजगी देती है।

यह क्रिया न केवल शारीरिक,
बल्कि मानसिक और आत्मिक शुद्धि का भी संकेत है।
जैसे जल शरीर की गंदगी को धोता है,

वैसे ही यह भीतर की पुरानी समझ को
नई दिशा और नयी सोच प्रदान करती है।
धौति, वह शुद्धि की प्रक्रिया,
जो हमें नए दृष्टिकोण से देखने का अवसर देती है,
जिसमें शरीर की हर कोशिका
नवजीवन से जुड़ी होती है।

यह क्रिया, हर सांस के साथ
हमारी आंतरिक दुनिया को नई दिशा में मोड़ती है,
और पुराने कचरे को बाहर निकालकर,
हमारी आत्मा को शांति का आभास कराती है।
धौति, वह ऊर्जा है जो हमें भीतर से बाहर तक शुद्ध करती है,
और हम इस प्रक्रिया से गुजरते हुए
अपने अस्तित्व के असली सार को पहचानते हैं।

यह शुद्धि केवल शरीर की नहीं,
हमारी चेतना की भी है,
जो हर दिन नवीनीकरण के रूप में
हमारी यात्रा को और गहरे रूप से व्यक्त करती है।
धौति, जीवन की सफाई की एक अद्वितीय क्रिया,
हमें इस भ्रामक संसार से दूर करके
हमारे असली रूप की ओर ले जाती है।

बस्तिः पानी से शारीरिक शुद्धि

बस्ती, वह क्रिया, जो शरीर के भीतर के गहरे रहस्यों को उजागर
करती है,
जहाँ जल की सरलता और गहराई से
हम अपनी आंतरिक सफाई का अनुभव करते हैं।
यह क्रिया केवल शरीर की शुद्धि का काम नहीं,
यह एक प्रक्रिया है, जो जीवन की नदियों को
पुनः प्रवाहित करती है, एक नए जीवन की शुरुआत करती है।

पानी का वह शांत प्रवाह,
जो आंतरिक मार्गों में बहता है,
हमारे हर अंग को नए ऊर्जा से भर देता है,
हमारी आंतरिक गंदगी को साफ करता है,
जैसे नदी की लहरें, किनारे की धूल को धुल देती हैं।
यह एक पुनःसृजन है,
हर उस अवरोध को हटाने की प्रक्रिया,
जो जीवन के प्रवाह को रोकते हैं,
यह हमें शुद्ध करता है, जैसे भूमि को नया जीवन मिलता है।

यह प्रक्रिया बाहरी नहीं,
भीतर से उत्पन्न होती है,
जो आंतों की गहराई से उठकर
हमारे पूरे शरीर को ताजगी और हल्कापन देती है।
यह जल का वह अदृश्य जादू है,
जो अज्ञात स्थानों तक पहुंचकर
हमारे शरीर और मन को संतुलित करता है।

बस्ती, शरीर की शुद्धि के लिए नहीं,
मन की शांति के लिए भी है,
यह शारीरिक अराजकता को दूर करती है,
और उस शांतिपूर्ण अवस्था को जन्म देती है,
जहाँ हर अंग, हर कोशिका

एक साथ, एक लय में काम करती है।
यह एक संतुलन की ओर ले जाने वाली क्रिया है,
जो हमें अपने भीतर के संसार को जानने का अवसर देती है।

जैसे जल की तरलता, भूमि के भीतर समाती है,
वैसे ही यह क्रिया हमें अपनी गहरी सीमाओं से
आगे बढ़ने की प्रेरणा देती है।
यह एक सफाई का काम है,
जो केवल शारीरिक नहीं,
आत्मिक रूप से भी हमारे भीतर की
गंदगी को बाहर निकालता है।

बस्ती, एक यात्रा है,
जो हमें अपने शारीरिक अवरोधों से मुक्त करती है,
एक अनुभव है,
जो हमें भीतर की गहराई में जाकर
नई ऊर्जा और शक्ति से भर देती है।
यह शुद्धि केवल शरीर की नहीं,
मन की भी है,
जो हमें उस शांति का अहसास कराती है,
जो हमेशा हमारे भीतर ही थी।

यह एक विधि है,
जो न केवल हमें शारीरिक रूप से स्वस्थ बनाती है,
बल्कि हमारे मानसिक और आत्मिक स्वास्थ्य का भी ध्यान रखती
है,
हमारे शरीर से होकर,
यह एक नए विचार और दृष्टिकोण को जन्म देती है।
बस्ती, वह मार्ग है,
जो हमें अपने भीतर की शांति और शक्ति
नई दृष्टि से देखने का अवसर प्रदान करता है।

कपालभाति: मानसिक स्वास्थ्य के व्यायाम

कपालभाति, वह साधना,
जो श्वास के बहते रास्ते पर
हमारी चेतना को जगा देती है।
यह कोई साधारण श्वास नहीं,
यह एक आंतरिक आग है,
जो हर साँस में गहरे दावानल की तरह
हमें भीतर से बाहर तक प्रज्वलित करती है।

यह केवल श्वास की गति नहीं,
यह आत्मा की लहर है,
जो भीतर के हर कोने को
हवा की तरह झकझोरती है।
एक गहरी श्वास की शक्ति,
जो न केवल शरीर को जागृत करती है,
बल्कि भीतर की प्रत्येक कोशिका को
नई ऊर्जा से भर देती है।

कपालभाति, वह प्रक्रिया है
जो हमारे मस्तिष्क की धुंध को हटा देती है,
जिसमें हर श्वास के साथ,
हमारे मन के पुराने अवरोध
धुंआ की तरह उड़ जाते हैं।
यह एक शुद्धि का समय है,
जहाँ हम प्राण के प्रवाह को
गहरे आंतरिक स्थानों तक महसूस करते हैं।

जब साँस बाहर निकलती है,
यह केवल शारीरिक शुद्धि का कार्य नहीं,
बल्कि हमारी सोच और मानसिकता की भी सफाई है।
हर श्वास, एक नया आरंभ है,
एक नया दृष्टिकोण,
जो जीवन की जटिलताओं से बाहर जाकर
हमारे भीतर की सरलता और शांति को
फिर से उजागर करता है।

कपालभाति के हर अभ्यास में,
हम एक नए अस्तित्व को गढ़ते हैं,
हमारी सोच, हमारी चेतना
एक नए सिरे से जन्म लेती है।
यह क्रिया केवल शरीर के लिए नहीं,
यह मानसिक और आत्मिक शुद्धि का भी रास्ता है,
जहाँ हम अपने भीतर की सच्चाई को
नवीनता से स्वीकारते हैं।

कपालभाति, श्वास का उच्छवास नहीं,
यह जीवन के हर क्षण का उत्सव है,
यह वह योग है, जो हर कण में
नई जागृति और शुद्धि का अनुभव देता है।
हर श्वास के साथ,
हम जीवन को, उसकी पूरी गहराई और ऊँचाई में
नई दृष्टि से देखते हैं।

यह साधना हमें यह सिखाती है
कि हम जो कुछ भी हैं, वह हमारे श्वास में है,

हमारा अस्तित्व, हमारे भीतर का प्राण,
हमारे हर साँस के साथ
सदृश और साफ होता है।
कपालभाति, वह आंतरिक अग्नि है
जो हमें न केवल शारीरिक रूप से,
बल्कि मानसिक और आत्मिक रूप से भी
नई दिशा और ऊर्जा देती है।

यह साधना, शुद्धि की एक गहरी धारा है,
जो हमें अपने भीतर की गहराईयों तक
ले जाती है।
हर श्वास के साथ, हम अधिक हल्के, अधिक शुद्ध होते जाते हैं,
एक नये प्रकाश में,
जिसमें हर जटिलता और अंधकार
धुंधला और पारदर्शी हो जाता है।

त्राटक: आंखों की शक्ति साधना

त्राटक, वह साधना,
जो केवल आँखों के देखने की क्रिया नहीं,
यह भीतर की गहराई में उतरने का मार्ग है,
जहाँ हर दृष्टि, एक नई दुनिया को खोल देती है।
यह वह साधना है,
जो हमारी आँखों की पलक से
अधिक गहरे, और कहीं अधिक शांति में जाती है,
जहाँ कोई शब्द नहीं,
केवल दृश्य की असीमितता है।

जब आँखें एक बिंदु पर केंद्रित होती हैं,
यह केवल दृष्टि का कार्य नहीं,
यह आत्मा का ध्यान है,
जो उस बिंदु में समाहित होकर
अपने आप को खोजने की यात्रा पर निकलती है।
त्राटक में, हम अपनी आँखों से नहीं,
अपनी अंतरात्मा से देख रहे होते हैं,
और वह बिंदु, वह दृश्य,
हमारी चेतना की विस्तार यात्रा का प्रारंभ है।

यह कोई साधारण ध्यान नहीं,
यह एक गहरी, निरंतर खोज है,
जो हमें भीतर की अंधेरी गलियों से निकालकर,
रोशनी की ओर ले जाती है।
त्राटक का हर क्षण,
आँखों का मंथन नहीं,
आत्मा का उन्मोचन है,
जो हमारी अंतरात्मा के द्वार को खोलता है,
जहाँ हर परत, हर खंड,
साफ और स्पष्ट हो जाता है।

यह साधना एक प्रक्रिया है,
जो हमारी दृष्टि को सीमित दृष्टिकोण से निकालकर
विस्तृत और अनंत रूप में परिवर्तित करती है।
हर बार जब हम उस बिंदु पर अपनी नजरें टिकाते हैं,
हम न केवल देख रहे होते हैं,
हम अनुभव कर रहे होते हैं,
उस मौन को, उस शांति को,
जो दृश्य की गहराई से उत्पन्न होती है।

त्राटक में, आँखें देखती नहीं,
वे समझती हैं,
वे महसूस करती हैं,
जैसे चुपचाप, बिना कहे,
वह बिंदु हमारे भीतर उतरता है,
हमारे मन, हमारे विचारों को साफ करता है,
और हर एक सांस में,
हमारे भीतर की हलचल को शांत करता है।

यह ध्यान केवल बाहर की चीज़ों को नहीं देखता,
यह भीतर के हर कोने की खोज करता है,
जहाँ निराकार ब्रह्म का अनादि आलोक
हमारी आँखों से होकर,
हमारे अस्तित्व के गहरे हिस्से तक पहुंचता है।
त्राटक का अभ्यास,
हमारी दृष्टि को सत्य की ओर मोड़ता है,
जहाँ न कोई भ्रम है, न कोई भटकाव।

यह साधना एक रूप है,
जो हमें अंदर की ओर देखने की प्रेरणा देती है,
जहाँ हम खुद को समझते हैं,
और दुनिया को नए दृष्टिकोण से देखते हैं।
त्राटक, वह साधना है,

जो हमें केवल एक बिंदु पर केन्द्रित नहीं करती,
बल्कि हमारे अस्तित्व के मूल में ले जाती है,
जहाँ शांति, विश्राम और निर्विकल्पता है।

यह वह मार्ग है,
जहाँ हर सांस के साथ,
हम अपनी दृष्टि को साफ करते हैं,
हमारे मन की कचरा हटाते हैं,
और उस बिंदु पर जाकर,
हम अपनी आत्मा को शुद्ध करते हैं।
त्राटक, आँखों से अधिक,
यह हमारे भीतर की गहरी देखने की कला है,
जो हमें आत्मज्ञान और शांति की ओर
एक कदम और आगे बढ़ाती है।

नौली: पेट के व्यायाम से शरीर की शुद्धि

नौली, वह साधना,
जो शरीर के भीतर से एक शोर मचाती है,
नहीं, यह कोई अशांति नहीं,
यह गहरी शांति की आहट है,
जो हमारे आंतरिक ढांचे को पुनः जीवित करती है।
यह वह क्रिया है, जो हमारे भीतर के हर अवरोध को
हटाती है,
हमारे भीतर के हर दवाब को बाहर निकालती है,
जैसे भूमि की गहराई से
पानी की शुद्ध धारा बह निकलती है।

नौली, वह शक्ति है,
जो हमारे पेट के केंद्र से निकलती है,
और हमें अपनी आंतरिक दुनिया को महसूस करने का अवसर
देती है,
जहाँ हर अंग, हर कोशिका,
नई ऊर्जा से भर जाती है।
यह वह क्षण है,
जब हम अपने शरीर के गहरे हिस्से में प्रवेश करते हैं,
जहाँ हमारी जड़ें,
हमारी आंतरिक शक्ति,
और हमारी कड़ी मेहनत छुपी रहती है।

यह कोई सामान्य प्रक्रिया नहीं,
यह जीवन के उस गहरे हिस्से में घुसने का तरीका है,
जो केवल आत्मा ही समझ सकती है।
हम जब अपने पेट को घुमा कर
नौली क्रिया करते हैं,
हम अपनी आंतरिक दुनिया को झकझोरते हैं,
हमारे अस्तित्व के सबसे गहरे स्थान को

नई दृष्टि से देख पाते हैं।

नौली, शरीर के भीतर की गति का प्रतीक है,
यह एक लय है, जो हमें अपने भीतर से बाहर तक
शक्ति की यात्रा पर ले जाती है।
यह सृष्टि के चक्र की वह गतिविधि है,
जो हमें केवल शारीरिक रूप से ही नहीं,
मानसिक रूप से भी स्थिर करती है।
यह हमें अपनी ऊर्जा को पुनः जागृत करने की प्रेरणा देती है,
जहाँ हम अपने शरीर से जुड़े हर तत्व को
नई ताकत से देख पाते हैं।

जब पेट की लहरें शांति से गुजरती हैं,
हम एक नया अनुभव करते हैं,
हम शरीर की गहराई में जाकर
हमारे जीवन के वास्तविक उद्देश्य को समझ पाते हैं।
यह साधना,
हमारे भीतर की वह क्रिया है,
जो हमें आत्मा से जुड़ने का रास्ता दिखाती है,
यह एक शारीरिक नहीं,
आध्यात्मिक शुद्धि का मार्ग है।

नौली, वह मार्ग है,
जो हमारे शरीर के भीतर की गहरी संभावनाओं को उजागर करता
है,
हमारी आंतरिक शक्ति को बाहरी रूप में प्रकट करता है,
और हम देख पाते हैं,
कि हमारे भीतर का संसार
कितना अद्वितीय और शक्तिशाली है।

यह क्रिया हमें यह सिखाती है,
कि जब हम अपने आंतरिक संसार के साथ संतुलित होते हैं,
तो हमारा बाहरी संसार भी संतुलित हो जाता है,

हमारी सोच, हमारी शक्ति,
हमारे हर कर्म में सामंजस्य स्थापित होता है।
नौली, एक साधना नहीं,
यह एक मार्गदर्शन है,
जो हमें हमारे भीतर की शक्ति,
हमारे भीतर की लय,
और हमारे भीतर की शांति को पहचानने का मौका देती है।

यह उस गतिशीलता का प्रतीक है,
जो हमें कभी स्थिर नहीं रहने देती,
जो हमें हमेशा गतिशील बनाए रखती है,
जो हमें सिखाती है कि हर कदम
हमारी आंतरिक ऊर्जा से जुड़ा होता है,
और हमें उस ऊर्जा के साथ चलते रहना चाहिए,
जैसे नौली हमें अपने भीतर की गहराईयों तक
ले जाती है,
जहाँ शक्ति और शांति एक साथ समाहित होते हैं।

लोकप्रिय आसन

सूर्य नमस्कारः ऊर्जा का चक्र सूर्य नमस्कार एक प्राचीन योगाभ्यास है, जो शरीर के हर हिस्से को सक्रिय करता है और ऊर्जा का प्रवाह बढ़ाता है। यह शारीरिक और मानसिक ताजगी के लिए आदर्श है और शरीर की लचीलापन को बढ़ाता है। सूर्य नमस्कार सूर्य देवता को प्रणाम करने के लिए किया जाता है, जो शारीरिक और मानसिक स्वास्थ्य का प्रतीक है।

शवासनः गहरी विश्रांति शवासन एक विश्राम मुद्रा है, जिसमें व्यक्ति पूरी तरह से शिथिल होकर लेटता है। यह आसन शरीर और मन को गहरी विश्रांति की अवस्था में ले जाता है और तनाव, चिंता और मानसिक थकावट को दूर करने में मदद करता है। यह मानसिक शांति और ऊर्जा पुनर्निर्माण के लिए अत्यंत लाभकारी है।

वृक्षासनः स्थिरता का प्रतीक वृक्षासन, जिसे 'ट्री पोज़' भी कहा जाता है, एक संतुलन आसन है जो शरीर की स्थिरता और मानसिक ध्यान को बढ़ाता है। यह आसन संतुलन, सहनशीलता और आत्मविश्वास को प्रोत्साहित करता है, जबकि पैरों और रीढ़ की हड्डी को मजबूत करता है।

भुजंगासनः रीढ़ की मजबूती भुजंगासन या 'कोबरा पोज़' शरीर के ऊपरी हिस्से, विशेषकर रीढ़ और छाती को मजबूत करता है। यह आसन रीढ़ की लचीलापन बढ़ाने में मदद करता है, और साथ ही यह शरीर में ऊर्जा का संचार करता है। यह आसन मानसिक स्पष्टता और आत्मविश्वास को भी प्रोत्साहित करता है।

धनुरासनः लचीलेपन की कला धनुरासन, या 'बाउ एंड पोज़', शरीर की लचीलापन को बढ़ाता है। इसमें शरीर को धनुष के रूप में मोड़ा जाता है, जिससे पीठ, पेट और कूल्हों की मांसपेशियों में खिंचाव होता है। यह आसन शारीरिक शक्ति, लचीलापन और संतुलन को बढ़ाता है।

त्रिकोणासनः शरीर का संतुलन त्रिकोणासन, या 'ट्रायएंगल पोज़', शरीर के संतुलन और लचीलापन को बढ़ाता है। यह आसन कूल्हों, रीढ़ और पैरों को मजबूती देता है, साथ ही मानसिक स्पष्टता और आत्मविश्वास भी बढ़ाता है। यह शरीर को लंबा और मजबूत बनाता है।

पद्मासनः ध्यान का आसन पद्मासन, या 'लोटस पोज़', एक प्रसिद्ध ध्यान आसन है। यह मानसिक शांति और ध्यान की गहरी अवस्था को बढ़ावा देता है। पद्मासन में बैठने से ध्यान केंद्रित होता है और शरीर को स्थिरता मिलती है, जो ध्यान और साधना के लिए आदर्श है।

गर्भासनः नवजीवन का प्रतीक गर्भासन एक मुद्रा है जो शरीर को पूरी तरह से समेटने का प्रतीक है। यह आसन व्यक्ति को आंतरिक शक्ति, शांति और संतुलन की ओर मार्गदर्शन करता है। यह प्राचीन योग शास्त्रों में जीवन के चक्र और नये जन्म की प्रतीकात्मकता के रूप में देखा जाता है।

मयूरासनः संतुलन और शक्ति का मिलन मयूरासन, या 'पीकॉक पोज़', एक उन्नत योग आसन है जो शरीर और मन के संतुलन को बढ़ाता है। यह आसन शरीर के ऊपरी हिस्से की ताकत और लचीलापन को बढ़ाता है, जबकि मानसिक संतुलन और आत्मविश्वास को भी प्रोत्साहित करता है। यह शक्ति और संतुलन का अद्वितीय मिलन है।

सूर्य नमस्कार: ऊर्जा का चक्र

सूर्य की किरणों में बसी है एक शक्ति,
जो दिन के पहले पल से हर कण को निखारती है,
यह न केवल शरीर को जागृत करती है,
बल्कि आत्मा के भीतर छुपे अंधकार को भी चीरती है।

आसन के हर चरण में,
हमें जीवन के सच से मिलता है संवाद,
शरीर की हर गति में,
एक नई ऊर्जा का संचार होता है।

हम सिर झुकाते हैं,
और अपनी विचारधारा को शुद्ध करते हैं,
हाथ उठाते हैं,
जैसे आकाश को छूने की प्रार्थना हो।

यह सूर्य नमस्कार,
एक साधना नहीं,
यह जीवन के हर पहलू को समझने का एक माध्यम है।

हर कदम, हर मुद्रा में छुपा है एक संदेश,
कि हम अपने अस्तित्व को विस्तार दें,
हम अपने भीतर की ऊर्जा को महसूस करें,
हम अपने जीवन को संतुलित करें।

सूर्य की ओर उठे हाथ,
एक प्रगति की ओर बढ़ते कदम हैं,
पृथ्वी पर झुकी पीठ,
एक विनम्रता की ओर संकेत करती है।

प्राणायाम की लय में,
सांसों को हम गहराई से महसूस करते हैं,

हर श्वास में, हर संजीवनी वायु में,
एक नई शक्ति का जन्म होता है।

सूर्य नमस्कार,
न केवल शरीर का व्यायाम है,
यह हमारे मन की शांति,
और आत्मा के संकल्प को भी प्रगाढ़ करता है।

यह चक्र निरंतर चलता है,
जैसे जीवन का अनंत चक्र,
सूर्य के जैसे हम भी
अपने भीतर छुपी ऊर्जा को उजागर करते हैं।

जैसे सूर्य उगता है,
और पृथ्वी पर जीवन की रोशनी बिखेरता है,
वैसे ही हम भी हर दिन
नई उम्मीद और विश्वास के साथ उठते हैं।

सूर्य नमस्कार,
यह हमारे जीवन का ऊर्जा चक्र है,
जो हर रोज़ हमें अपने अस्तित्व की गहराई में
नये अनुभव और शक्ति का अहसास कराता है।

शवासन: गहरी विश्रांति

जब सब कुछ थम जाता है,
मन की हलचल रुक जाती है,
शरीर ने हर कड़ी को खोल लिया है,
और आत्मा एक गहरे सन्नाटे में समा जाती है।

आंखें बंद, शरीर की हर नस में एक ठहराव,
जैसे सागर की लहरें चुप हो जाती हैं,
सांसें धीरे-धीरे उतरती हैं,
हर श्वास में एक नई शांति, एक नया अहसास।

यह शवासन केवल विश्राम नहीं,
यह आत्मा की गहरी गुफा में प्रवेश है,
यह उस पल की खोज है,
जहां समय खुद को भूल जाता है।

हमने शरीर को पूरी तरह से त्याग दिया,
सभी चिंताओं को हम छोड़ आए,
दिमाग में कोई शोर नहीं,
केवल एक मौन, एक गहरी शांति।

हम महसूस करते हैं,
जैसे पृथ्वी ने हमें अपनी गोदी में लिया हो,
जैसे आकाश ने हमारे भीतर की हवाओं को थाम लिया हो,
हम सिर्फ हैं, बिना किसी भार के।

यह गहरी विश्रांति का समय है,
जहां हम अपने अस्तित्व को महसूस करते हैं,
जहां हम अपनी बाहरी पहचान से परे,
अपने सच्चे स्वरूप से जुड़ते हैं।

शरीर की प्रत्येक कोशिका,
हर अंग, हर मांसपेशी,
एक अदृश्य धागे से जुड़ी होती है,
जो हमें अपने भीतर के परम विश्राम से जोड़ती है।

यह वह समय है,
जब हम अतीत और भविष्य के पार होते हैं,
केवल वर्तमान की अनुभूति बचती है,
हम पूरी तरह से ताजे, नए, और शुद्ध होते हैं।

शवासन में न केवल शरीर विश्राम पाता है,
बल्कि मन और आत्मा भी मिलकर शांति की धारा में बहने लगते हैं,
यह वह अवस्था है,
जहां हम सब कुछ महसूस करते हैं,
और फिर भी कुछ नहीं चाहते।

यह एक योग साधना का अंतिम फल नहीं,
बल्कि जीवन के हर पहलू को स्वीकार करने की प्रक्रिया है,
जहां हम जानते हैं,
कि विश्रांति में ही असल ऊर्जा का संचार है।

शवासन,
यह गहरी विश्रांति का समय है,
यह आत्मा की गहरी यात्रा है,
जो हमें खुद से जुड़ने का अवसर देती है,
और हमें दिखाती है,
कि हर पल में ही सम्पूर्णता है।

वृक्षासन: स्थिरता का प्रतीक

जब हम खड़े होते हैं,
पांवों से गहरी जड़ें फैलती हैं,
मुट्ठी भर धरती की पकड़ में,
हम समर्पित होते हैं, जैसे एक वृक्ष अपनी जड़ों से जुड़ा हो।

पांव का भार हल्का,
ध्यान आसमान की ओर उठता है,
शरीर एक सीधी रेखा बनाता है,
हर अंग में संतुलन की खोज होती है।

वृक्ष की तरह खड़े रहना,
यह केवल एक आसन नहीं,
यह अपने भीतर की ताकत को पहचानना है,
यह अनदेखी धारा से जुड़ना है,
जो हमें स्थिरता और साहस प्रदान करती है।

ध्यान सिर्फ श्वासों पर नहीं,
बल्कि पूरे अस्तित्व की गहरी एकता में होता है,
कभी हल्का, कभी गहरा,
हर सांस में हम पृथ्वी और आकाश को समाहित करते हैं।

यह वृक्षासन जीवन के भीतर की उस स्थिरता को खोजता है,
जो बदलते मौसमों से प्रभावित नहीं होती,
जो आंधी-तूफानों में भी झुका नहीं करती,
यह जड़ें हमें हमारी पहचान से जोड़ती हैं।

वृक्ष जैसे कभी रुकते नहीं,
हम भी खड़े रहते हैं,
अपने केंद्र में स्थिर,
हमारी आत्मा की शांति किसी भी बाहरी हलचल से अप्रभावित
रहती है।

शरीर के भीतर,
हम महसूस करते हैं कि हम केवल व्यक्ति नहीं,
हम एक समुदाय का हिस्सा हैं,
हमारे रक्त में वह जमीन बहती है,
जो हमारे पुरखों की ध्वनियों को सुनती है।

वृक्षासन हमें यह सिखाता है,
कि स्थिरता केवल बाहरी दिखावे में नहीं,
बल्कि भीतर की गहरी समझ में होती है,
यह हमें जीवन के हर परिवर्तन में संतुलित रखता है।

हम जैसे वृक्ष की शाखाओं से बहती हवा,
वैसे ही अपने भीतर की ऊर्जा से गतिमान रहते हैं,
हर दिन, हर क्षण, हम खुद को स्थिर बनाए रखते हैं,
और फिर भी नये बदलावों को अपनाते हैं।

वृक्षासन,
यह हमारे अस्तित्व की वह यात्रा है,
जो हमें असल शक्ति से जोड़ती है,
यह हमें यह समझाती है,
कि स्थिरता बाहरी नहीं,
बल्कि हमारे भीतर के संकल्प और शांति में है।

भुजंगासन: रीढ़ की मजबूती

जब हम अपनी पीठ को आकाश की ओर उठाते हैं,
जैसे सर्प अपनी धारा में लहराता है,
हम महसूस करते हैं कि रीढ़,
केवल हड्डियों का एक संकलन नहीं,
यह शक्ति, यह धैर्य का प्रतीक है।

शरीर की धुरी को मजबूत बनाते हुए,
हम खड़े होते हैं, इस अस्थिर संसार में,
जैसे धरती पर एक बगुला,
जो हवा को अपनी आँखों से महसूस करता है,
और फिर भी अडिग रहता है।

भुजंगासन, यह केवल एक मुद्रा नहीं,
यह हमारी रीढ़ की हर कोशिका में छुपे संघर्ष का गवाह है,
यह हमें सिखाता है कि केवल बाहरी शक्ति से नहीं,
भीतर से हमें अपने आप को सही दिशा में ढालना है।

जब हम धड़ को ऊपर की ओर उठाते हैं,
हम अपनी आत्मा के भीतर की यात्रा को शुरू करते हैं,
हम अपने भीतर के हर भय को,
हर कमजोरी को,
धीरे-धीरे छोड़ने का अहसास करते हैं।

यह आसन केवल शारीरिक नहीं,
यह मानसिक और भावनात्मक स्तर पर भी शक्ति का संचार करता
है,
हमारे कंधों से आकर यह ऊर्जा,
हमारे मन के अंधेरे को प्रकाश में बदल देती है,
जैसे सूर्य की किरणें बादलों को चीरकर निकलती हैं।

भुजंगासन हमें यह सिखाता है,
कि रीढ़ सिर्फ एक हड्डी नहीं,
यह हमारी आंतरिक लचीलापन है,
यह हमारी सहजता और अडिगता का संदेश है।

जब हम सांस छोड़ते हैं,
हमें हर रुकावट से मुक्ति मिलती है,
हम महसूस करते हैं कि जैसे सर्प अपनी त्वचा को छोड़ता है,
वैसे ही हम अपनी पुरानी चिपकी सोचों से मुक्त होते हैं।

भुजंगासन एक पुनर्निर्माण की प्रक्रिया है,
जो हमें जीवन की कठिनाइयों से निबटने की शक्ति देती है,
हम अपनी पीठ के भीतर गहरी स्थिरता महसूस करते हैं,
और जीवन को एक नई दृष्टि से देखते हैं।

यह आसन हमें यह अहसास कराता है,
कि जब रीढ़ सीधी होती है,
तो न केवल शरीर, बल्कि मन भी अपने मूल में दृढ़ होता है,
और हर चुनौती को एक नए दृष्टिकोण से देखता है।

भुजंगासन में न केवल हमारे शरीर का व्यायाम होता है,
यह हमारे मन और आत्मा की भी एक सशक्त साधना है,
जो हमें याद दिलाती है कि सच्ची शक्ति
कभी बाहरी नहीं,
बल्कि हमारे भीतर होती है।

धनुरासनः लचीलेपन की कला

जब हम अपने शरीर को धनुष की तरह मोड़ते हैं,
हम महसूस करते हैं कि हमारी लचीलापन केवल शारीरिक नहीं,
यह जीवन के हर मोड़ पर सहजता से बंधने की कला है,
यह जीवन के दबावों को झेलने और फिर भी एकरूप बने रहने की
साधना है।

हाथों से पैरों को पकड़ते हुए,
हम अपनी पीठ और धड़ में उस शक्ति को जागृत करते हैं,
जो सदियों से हमें मनुष्य बनाती है,
एक ही मुद्रा में, हम समय और तंत्र से बाहर निकलते हैं,
हम अपने भीतर के घेरावों को छोड़ देते हैं।

धनुरासन में जो झुकाव होता है,
वह केवल शारीरिक अंगों का नहीं,
यह हमारे मन की उस लचीली अवस्था का प्रतीक है,
जो किसी भी चुनौती का सामना कर सकती है,
जो हर विपरीत परिस्थिति में संतुलन बनाए रख सकती है।

हमारे हाथ, पैरों के बीच एक तानव है,
जैसे जीवन के संघर्षों के बीच, हम अपने अस्तित्व को संजोते हैं,
शरीर का प्रत्येक अंग,
एक नए तरीके से जुड़ता है,
जैसे हम अपनी पुरानी आदतों को छोड़ते हैं,
और नई दिशाओं में खुद को पाते हैं।

धनुरासन हमें यह सिखाता है,
कि लचीलापन केवल भौतिकता में नहीं,
यह हमारे दृष्टिकोण में भी होता है,
यह उस संवेदनशीलता में है,
जो हमें कठिनाई में भी सहज बनाए रखती है,
जो हमें हिम्मत देती है,

कभी भी टूटने न देने की।

जब हम अपने आप को धनुष की तरह खींचते हैं,
हम अनुभव करते हैं कि शरीर का हर अंग एक नई दिशा में खुलता है,
एक नई शक्ति का अहसास होता है,
हम महसूस करते हैं कि हम अपने भीतर के असीम संभावनाओं को
अब देख पा रहे हैं,
हम अब बाहर के संसार से अधिक भीतर के संसार से जुड़े हैं।

धनुरासन हमें यह याद दिलाता है,
कि लचीलापन न केवल शरीर की विशेषता है,
यह हमारी मानसिक ताकत और आत्मिक दृढ़ता का प्रतीक है,
हम जितना अधिक लचीले होते हैं,
हम उतने ही अधिक मजबूत बनते हैं,
हम उतना ही अधिक जीवन से जुड़ते हैं।

यह आसन हमारे भीतर उस ऊर्जा को जाग्रत करता है,
जो हमें हर रूप में खुलने,
हर अनुभव में समाहित होने,
और हर परिवर्तन में खुद को निखारने का अवसर देता है।

धनुरासन,
यह सिर्फ एक मुद्रा नहीं,
यह हमारी आत्मा के भीतर की उस लचीलापन की खोज है,
जो हमें हर चुनौती से परे,
हमेशा सही दिशा में खड़ा रखती है।

त्रिकोणासनः शरीर का संतुलन

जब हम अपने पैरों को फैलाते हैं,
एक लम्बी रेखा पर खड़े होते हैं,
हम महसूस करते हैं कि शरीर एक त्रिकोण बनता है,
जैसे पृथ्वी, आकाश और हम–
तीन बिंदुओं से जुड़ा हुआ एक संपूर्ण योग।

हाथ ऊपर उठते हैं,
शरीर एक सीधी रेखा की ओर बढ़ता है,
एक बिंदु से दूसरे तक–
हम संतुलन की तलाश में होते हैं,
जो हमारे भीतर गहरे कहीं समाया होता है।

त्रिकोणासन, यह केवल एक मुद्रा नहीं,
यह हमारे जीवन के उन तीन महत्वपूर्ण स्तंभों का प्रतीक है,
शरीर, मन और आत्मा।
यह हमें यह याद दिलाता है कि संतुलन
कभी बाहर से नहीं,
बल्कि भीतर से बनता है।

जब हम हाथ को निचे की ओर लाते हैं,
हम महसूस करते हैं कि हमारी रीढ़ सीधी और मजबूत है,
जैसे कोई राजमार्ग पर चलने वाला यात्री,
जो हर कदम में विश्वास से भरा होता है।
यह हमारी छाती का खुलना है,
जो जीवन के हर रुकावट से ऊपर उठकर सामने आता है।

त्रिकोणासन हमें यह सिखाता है,
कि संतुलन बाहरी संघर्षों में नहीं,
बल्कि हमारे भीतर के गहरे विश्वास में है,
यह हमारी स्थिरता है,
जो हर सांस के साथ हमारे अस्तित्व को संजोती है।

हमें कड़ी मेहनत नहीं करनी होती,
केवल अपनी स्थिति को समझने की आवश्यकता होती है,
हम शरीर के उस भाग को महसूस करते हैं,
जो स्थिर है और उस पर हमें गर्व होता है,
जैसे कोई शिलालेख, जो समय की गति से अछूता रहता है।

हाथ, पैरों और धड़ का सामंजस्य,
हमारे भीतर एक नृत्य जैसा होता है,
हमारे अंग हर एक विचार, हर एक भावना से मेल खाते हैं,
और हम एक लय में ढल जाते हैं,
यह लचीलापन और शक्ति का आदान-प्रदान है,
जो हमें अपनी असली शक्ति से परिचित कराता है।

त्रिकोणासन,
यह हमें सिखाता है कि संतुलन का मतलब केवल एक सीधी रेखा
में खड़ा होना नहीं है,
यह जीवन के हर अस्थिर क्षण में,
हमारी आंतरिक शक्ति को बनाए रखना है,
और हर परिवर्तन के साथ,
खुद को नये रूप में ढालना है।

यह आसन हमें जीवन की गहरी सच्चाई से परिचित कराता है,
कि हम कभी भी असंतुलित नहीं होते,
जब तक हम खुद को समझते हैं,
जब तक हम अपनी आंतरिक शक्ति को पहचानते हैं,
और जब तक हम सच्चे संतुलन में रहते हैं,
हम हमेशा सही दिशा में चलते हैं।

पद्मासन: ध्यान का आसन

जब हम अपने पैरों को जोड़कर,
हाथों को घेरकर,
शांत बैठते हैं,
हम महसूस करते हैं,
कि यह केवल एक शारीरिक स्थिति नहीं,
यह एक अनकही यात्रा है,
जिसका हर कदम हमें भीतर की ओर ले जाता है।

पद्मासन, यह उस शांतिपूर्ण स्थल का उद्घाटन करता है,
जहाँ शब्द नहीं पहुँच सकते,
जहाँ विचारों का कोई स्थान नहीं होता,
जहाँ केवल श्वास का संगीत गूंजता है,
जैसे कोई नदी अपने संग चलते हुए,
चुपचाप रास्ता बना रही हो।

हमारी रीढ़ सीधी होती है,
हमारा चेहरा शांत,
हमारी आँखें बंद,
और हम महसूस करते हैं,
कि हमारी चेतना एक गहरे सागर में समाहित हो रही है,
जहाँ एक भी लहर नहीं,
केवल शांति है।

पद्मासन की मुद्रा हमें यह सिखाती है,
कि भीतर का शोर,
केवल बाहर से आता है,
यह हमें यह अहसास कराती है कि शांति

हमारे भीतर पहले से थी,
हमने उसे केवल ढूँढ़ने की आवश्यकता थी।
जब हम इस आसन में होते हैं,
हम शरीर के हर अंग को,
हर कोशिका को महसूस करते हैं,
हम समझते हैं कि हम केवल शरीर नहीं,
हम विचारों, संवेदनाओं और इच्छाओं का एक मिलाजुला रूप हैं,
जो सिर्फ शांतिपूर्ण ध्यान के साथ
अपने असली रूप को जान सकते हैं।

पद्मासन का अभ्यास हमें यह सिखाता है,
कि हम जितना अधिक अपने भीतर की ओर जाते हैं,
हम उतना अधिक बाहर के संसार से जुड़ते हैं,
हम हर श्वास के साथ,
हर विचार को नष्ट करते हुए,
अपने असली स्वरूप से मिलते हैं।

यह आसन केवल एक शारीरिक अभ्यास नहीं,
यह आत्मा का संगीत है,
यह हमारी चेतना के सर्वोत्तम हिस्से से जुड़ने की प्रक्रिया है,
जो हमें हर विचार, हर भावना से परे ले जाती है,
और हमें याद दिलाती है कि शांति केवल बाहरी नहीं,
बल्कि हमारे भीतर की सबसे गहरी और सुंदर अवस्था है।

पद्मासन,
यह केवल एक मुद्रा नहीं,
यह आत्मा के नृत्य की शुरुआत है,
यह उस स्थान का उद्घाटन है,

जहाँ समय और काल के बंधन समाप्त हो जाते हैं,
जहाँ हम खुद से, और जीवन से,
गहरे संवाद में रहते हैं।

इस आसन में बैठने का अर्थ है,
आत्मा को अनंतता से जोड़ना,
यह साधना है उस शुद्ध स्थिति को प्राप्त करने की,
जहाँ केवल हम और हमारा सच है,
जहाँ हर श्वास में बसी हुई होती है
एक नई शुरुआत की संभावना।

गर्भासन: नवजीवन का प्रतीक

जब हम अपने शरीर को इस तरह से समेटते हैं,
हम सिर्फ आसन नहीं करते,
हम जीवन के जन्म लेने की प्रक्रिया में शामिल होते हैं,
हम उस गहरे क्षण में प्रवेश करते हैं,
जहाँ समय थम जाता है,
जहाँ हर सांस एक नई शुरुआत का संकेत होती है।

गर्भासन,
यह केवल एक मुद्रा नहीं,
यह प्रकृति के उस अदृश्य चक्र का हिस्सा है,
जो जीवन को रूप देता है,
जो रूप में नहीं,
परंतु उस अदृश्य ऊर्जा में रहता है,
जो हर कोशिका में नित नए रूपों को जन्म देती है।

जब हम इस मुद्रा में बैठते हैं,
हम महसूस करते हैं कि हम न केवल शरीर हैं,
हम एक नए जीवन के बीज के समान हैं,
जो भीतर छिपा हुआ है,
जो धीरे-धीरे विकसित होने की प्रतीक्षा कर रहा है।
यह एक क्षण है,
जहाँ हम अपनी सीमाओं को भूल जाते हैं,
जहाँ हम ब्रह्मांड के साथ एक हो जाते हैं,
जहाँ हम अज्ञेयता और संभावनाओं से घिरे होते हैं।

गर्भासन हमें यह सिखाता है,
कि जैसे एक बीज अपनी खोई हुई शक्ति को पुनः प्राप्त करता है,
वैसे ही हम भी हर चुनौती, हर कठिनाई से बढ़कर,
अपने भीतर से एक नई शक्ति को जागृत कर सकते हैं।
यह हमारे अस्तित्व के उस मूल कारण से जुड़ने की प्रक्रिया है,
जो हमें अपने जीवन के उद्देश्य को खोजने में मदद करती है।

यह मुद्रा,
जैसे हम अपने आप को समेटते हैं,
हम जानते हैं कि हम समर्पण नहीं कर रहे,
हम अपनी सबसे गहरी शक्ति से जुड़ रहे हैं,
हम अपने अस्तित्व के हर हिस्से को पूरी तरह से महसूस करते हैं,
हम महसूस करते हैं कि हम उस अनदेखे ज्ञान से जुड़े हैं,
जो समय के हर मोड़ पर हमें मार्गदर्शन करता है।

गर्भासन में समेटे हुए हम,
वह ऊर्जा महसूस करते हैं,
जो न केवल शरीर में, बल्कि ब्रह्मांड में भी है,
यह एक चक्र है,
जो हमेशा चलता रहता है,
जो जीवन को नया रूप देता है,
जो हर बार, हर पुनर्जन्म के साथ,
हमें एक नई दिशा दिखाता है।

यह आसन हमें यह याद दिलाता है,
कि हम हमेशा अपने भीतर से नया जीवन उत्पन्न कर सकते हैं,
कि हमें डरने की आवश्यकता नहीं है,
क्योंकि हर अंत में एक नया आरंभ छिपा होता है,
और हर पुनःनिर्माण,
हमारी आत्मा को और अधिक मजबूत बनाता है।

गर्भासन,
यह केवल एक मुद्रा नहीं,
यह उस शक्तिशाली ऊर्जा का प्रतीक है,
जो जीवन के हर चरण में होती है,
जो हमें याद दिलाती है कि हम कभी समाप्त नहीं होते,
हम केवल बदलते हैं,
और हर परिवर्तन के साथ हम
नवजीवन की ओर बढ़ते हैं।

मयूरासनः संतुलन और शक्ति का मिलन

जब हम अपने शरीर को इस तरह मोड़ते हैं,
जैसे पक्षी अपने पंख फैलाता है,
हम नहीं केवल एक मुद्रा में होते हैं,
हम एक अंतराल में होते हैं,
जहाँ शक्ति और संतुलन,
एक साथ कदम रखते हैं,
जहाँ आत्मविश्वास और संयम
संग-संग चलने लगते हैं।

मयूरासन,
यह केवल आसन नहीं,
यह एक गहरी यात्रा है,
जहाँ हर अंग को संतुलन में रखना होता है,
जैसे जीवन के हर क्षण में हमें संतुलित होना चाहिए,
न केवल शरीर में,
परंतु विचारों और भावनाओं में भी।

हमारी हथेलियाँ ज़मीन पर स्थिर हैं,
हमारा सिर ऊँचा,
हमें अपने भीतर की शक्ति महसूस होती है,
हम जानते हैं कि हर उधार लिया कदम
सिर से लेकर पैर तक हर अंग को जोड़ता है,
जैसे हमारा शरीर एक इकाई बन जाता है,
समान रूप से आंतरिक और बाह्य रूप से।

मयूरासन हमें यह सिखाता है,
कि शक्ति केवल बाहरी ताकत में नहीं,
बल्कि उस स्थिरता में है,
जो हम अपने भीतर से उत्पन्न करते हैं।
हम महसूस करते हैं कि असल संतुलन
हमारे भीतर के विश्वास से आता है,

जो हमारे सबसे कठिन क्षणों में
हमसे सच्चाई की आवाज़ उठवाता है।

हमारी रीढ़ सीधी होती है,
हमारा सिर आकाश की ओर उठता है,
जैसे हम जीवन के किसी भी तूफान से
सहजता से पार कर सकते हैं।
यह संतुलन,
जो हम शरीर में महसूस करते हैं,
वह हमारी आंतरिक यात्रा का प्रतिबिंब है,
जो हर चुनौती के बावजूद हमें स्थिर और मजबूत बनाए रखता है।

मयूरासन वह स्थिति है
जहाँ शक्ति और संतुलन की सीमाएँ धुंधली हो जाती हैं,
जहाँ हर अंग अपनी भूमिका निभाता है,
लेकिन फिर भी कोई भी अकेला नहीं होता।
यह उस सम्पूर्णता का प्रतीक है,
जो हम तभी महसूस कर सकते हैं,
जब हम अपने भीतर की ऊर्जा को पहचानते हैं,
और जीवन के उतार-चढ़ाव में
स्वयं को बिना टूटे आगे बढ़ते हैं।

यह आसन हमें यह अहसास कराता है,
कि संतुलन न केवल शरीर में,
बल्कि हर विचार, हर भावना,
और हर परिस्थिति में बनाना पड़ता है।
हम केवल अपने आप को नहीं रखते,
हम स्वयं को हर बदलाव के बीच
आंतरिक स्थिरता में खोजते हैं।

मयूरासन,
यह हमें यह सिखाता है
कि संतुलन सिर्फ बाहरी दुनिया में नहीं,

बल्कि हमारे भीतर के तूफानों में भी
बना रहता है,
जब हम खुद को जानने और समझने का प्रयास करते हैं,
जब हम अपने भीतर की शक्ति को स्वीकार करते हैं,
जो हमें कभी नहीं गिरने देती।

यह आसन जीवन की उन असंभावनाओं को दरकिनार करता है,
जो हमें कभी असफलता का अहसास कराती हैं,
यह हमें उस ताकत से जोड़ता है,
जो हमें कभी हारने नहीं देती,
जो हमें हर क्षण में समर्पण और दृढ़ता का अहसास कराती है।

प्राणायाम के प्रकार

1. अनुलोम-विलोम (Alternate Nostril Breathing): यह प्राचीन प्राणायाम श्वासों का संतुलन करने के लिए किया जाता है। इसमें एक नथुने से श्वास लेते हैं और दूसरे से छोड़ते हैं, जिससे शरीर और मस्तिष्क में शांति और ऊर्जा का संचार होता है।

2. कपालभाति (Skull Shining Breath): यह प्राणायाम मस्तिष्क की शुद्धि और मानसिक स्पष्टता के लिए किया जाता है। तेज़ श्वास छोड़ने की प्रक्रिया से शरीर से नकारात्मक ऊर्जा बाहर निकलती है और मन ताजगी से भरता है।

3. भस्त्रिका (Bellows Breath): यह प्राणायाम शरीर में ऊर्जा का विस्तार करने के लिए किया जाता है। तेज़ और गहरी श्वासों की गति से शारीरिक और मानसिक स्तर पर शक्ति का संचार होता है।

4. भ्रामरी (Bumblebee Breath): इस प्राणायाम में गहरी श्वास के साथ धीमी आवाज़ निकालना होता है, जो ध्यान में मधुरता लाती है। यह मानसिक शांति और तनाव मुक्त करने में मदद करता है।

5. उज्जायी (Victorious Breath): यह आंतरिक शांति का स्रोत है। धीरे-धीरे और नियंत्रित श्वास को अंदर लेना और छोड़ना, शरीर को शांति और समर्पण की अवस्था में लाता है।

6. नाड़ी शोधन (Channel Purification): इस प्राणायाम के द्वारा शरीर के ऊर्जा चैनल शुद्ध होते हैं। यह शरीर और मस्तिष्क में संतुलन और ताजगी लाने के लिए किया जाता है।

7. सूर्य भेदी प्राणायाम (Sun Piercing Breath): यह प्राणायाम शरीर में ऊर्जा का प्रवेश कराता है। इसमें नाक के दाएं नथुने से श्वास लेते हैं, जो सूर्य की ऊर्जा से संबंधित माना जाता है।

8. चंद्र भेदी प्राणायाम (Moon Piercing Breath): यह प्राणायाम चित्त की शांति के लिए किया जाता है। इसमें बाएं नथुने से श्वास लिया जाता है, जो चंद्रमा की शांति और ठंडक को प्रेरित करता है।

अनुलोम-विलोमः श्वासों का संतुलन

श्वास का आना-जाना,
जीवन की लय,
हवाओं में छिपी अनकही बातें,
जो कहीं भीतर से,
हमारे अस्तित्व में समा जाती हैं।

यह केवल एक अभ्यास नहीं,
एक साधना है,
जहाँ हम अपनी श्वासों को
साथ में जोड़ते हैं,
एक संतुलन बनाने के लिए,
जिसमें शरीर, मन और आत्मा
मिलकर हर श्वास के साथ
नवजन्म लेते हैं।

अनुलोम-विलोम,
दो दिशाओं की एक यात्रा,
एक श्वास भीतर,
दूसरी बाहर,
जो हमें सिखाती है
कैसे असंतुलित जीवन को,
संतुलन में ढालना है।

श्वास के भीतर,
दबते जज्बात,
संसार की हलचल,
सब कुछ एक पल में शांत हो जाता है,
जब हम अपनी सांसों पर ध्यान देते हैं,
हर सांस, जैसे एक मंत्र की तरह,
हमें फिर से
स्वयं से जोड़ देती है।

विलोम के समय,
हम उलटी दिशा में जाते हैं,
संवेदनाओं को बाहर निकालते हैं,
छोड़ते हैं उन दबे हुए शब्दों को,
जो लंबे समय से
हमारे भीतर सिसक रहे थे।

अनुलोम की ओर,
हम सांस को भीतर खींचते हैं,
यह घहराई,
यह शांति,
जो धीरे-धीरे हमारे भीतर
एक नई चेतना का निर्माण करती है,
हर श्वास में
वह शक्ति है
जो जीवन को नवजीवन देती है।

श्वासों का यह खेल,
न तो जल्दी है, न देर,
यह एक समय का गीत है,
जो हमें भीतर के संतुलन को समझाता है,
हमारे अस्तित्व के भीतर
एक गहरे और शांतिपूर्ण संबंध को स्थापित करता है।

यह श्वासों का संतुलन,
न केवल जीवन को दीवारों से बाहर,
बल्कि भीतर की उथल-पुथल को भी शांत करता है।
हर श्वास,
एक अनकहा संवाद है,
हमारे अंतरतम से,
वह हमें याद दिलाती है
कि शांति हमारी अपनी चुप्प है,
जो केवल एक सही श्वास में मिलती है।

कपालभाति: मस्तिष्क की शुद्धि

आसमान में ताजगी का स्पर्श,
हवा में हलचल,
रहस्यमयी ध्वनियाँ,
जैसे भीतर एक शोर उठता है,
और फिर वही शोर
मन की गहराई से निकलकर,
हर श्वास के साथ बाहर आता है।

यह कपालभाति का रहस्य है,
सांसों की शक्ति से मस्तिष्क को शुद्ध करना,
हर श्वास के साथ,
हमें अपने भीतर की धुंध को बाहर फेंकना है,
जैसे बादल हटते हैं और सूरज की रोशनी
सभी अंधकार को हर लेती है।

शरीर खड़ा है,
लेकिन भीतर कुछ होता है,
श्वासों की तीव्रता में एक लय,
जो मस्तिष्क के कोने-कोने को
नया जीवन देती है,
जैसे स्वच्छ जल में कोई गहरी नदी बहने लगे।
सांस का हर उत्थान
मस्तिष्क को एक नयी दिशा में मोड़ता है,
जहाँ विचारों की धारा
दूर होती जाती है।

यह शुद्धि केवल शारीरिक नहीं,
यह मानसिक भी है,
जैसे हर श्वास के साथ,
हम विचारों की गर्द को
हवा में उड़ाते हैं,
और फिर शांति की कोई नयी पहचान
हमारे मस्तिष्क में उभरती है।
कभी-कभी शुद्धि का अर्थ
केवल बाहरी दुनिया से नहीं होता,
यह तो भीतर के अंधकार को दूर करने का एक साधन है,
जहाँ हम अज्ञात को जानते हैं,
जहाँ हम अंधेरे से बाहर आते हैं।

कपालभाति,
यह न केवल एक साधना है,
यह एक मार्ग है,
जिसे हम अपने भीतर के हर स्थान से
गंदगी को निकालने के लिए अपनाते हैं।
हर श्वास का कक्ष,
हमारी चेतना का विस्तार है,
जो हमें सिखाता है,
कि शुद्धि केवल मस्तिष्क की नहीं,
हमारे पूरे अस्तित्व की होती है।

जैसे कोई हवा के झोंके
हर धूल को उड़ा कर,
एक नई सुबह की शुरुआत करता है,
कपालभाति भी हमें

हमारे भीतर के नये सूरज की ओर ले जाती है,
एक ऐसे स्थान पर,
जहाँ विचारों की कोई सीमाएँ नहीं होतीं,
जहाँ शुद्धता का कोई अंत नहीं है।

यह केवल एक शारीरिक अभ्यास नहीं,
यह मस्तिष्क की गहरी सफाई है,
एक शुद्धता का अभ्यस्त रूप,
जो हमें अपने असली रूप को पहचानने की ताकत देता है,
हर सांस में एक नई ताजगी,
हर श्वास में एक नई उम्मीद।

भस्त्रिका: ऊर्जा का विस्तार

हवा की तीव्रता,
शरीर के भीतर एक झंकार,
जब श्वास को भरकर
उससे बाहर निकालते हैं,
यह केवल एक क्रिया नहीं,
यह एक विस्फोट है,
एक ऊर्जा का विस्तार,
जो हमारे भीतर की हर कोशिका को जागृत करता है।

आत्मा की गहरी जड़ों से
शक्ति का एक प्रवाह उठता है,
जब हम सांस को भरते हैं,
तब भीतर कुछ बदलता है,
जैसे जल के भीतर एक हलचल उठती है
और हर कण में जीवन का संदेश भेजती है।
हर श्वास के साथ,
शरीर और मस्तिष्क
दूर हो जाते हैं अपनी थकान से,
एक नयी शक्ति,
एक नयी चेतना हमें घेरती है।

यह भस्त्रिका का जादू है,
यह न केवल श्वास का खेल है,
यह एक आयाम है,
जहाँ श्वासों का वेग
हमारे अस्तित्व के हर हिस्से में
संचार करता है,

जैसे एक वायु प्रवाह
जो हर दिशाओं में फैलता है,
सब कुछ रचनात्मकता की ओर ले जाता है।

हर श्वास,
जो भीतर खींचते हैं,
वह शक्ति का संचार करती है,
और जो बाहर छोड़ते हैं,
वह शांति का एक संदेश है,
शरीर में जो ऊर्जा पहले से बसी हुई है,
वह अब एक हलचल में बदलती है,
और प्रत्येक कोशिका
एक नयी गति से जुड़ने लगती है।

भस्त्रिका में,
श्वास सिर्फ एक सामान्य कार्य नहीं है,
यह हमारे भीतर की आंतरिक शक्ति को
उत्साहित करने का एक उपाय है,
यह हमें बाहरी दुनिया से
ज्यादा भीतरी दुनिया से जोड़ता है,
जहाँ हम महसूस करते हैं
कि हर सांस में एक विश्व छिपा हुआ है।

हमारे भीतर ऊर्जा का यह विस्तार
हमारे अस्तित्व को फिर से परिभाषित करता है,
हर श्वास से,
हम अपनी सीमाओं को पार करते हैं,
और एक अज्ञेय शक्ति से जुड़ते हैं,

जो हमें न केवल शारीरिक रूप से बल्कि मानसिक और
आध्यात्मिक रूप से
सशक्त बनाती है।

यह भस्त्रिका की शक्ति है,
जो हमें दिखाती है कि हम कितने सक्षम हैं,
और हमारे भीतर अनंत संभावनाएँ हैं,
जो केवल श्वास के एक वेग में
प्रकाशित होती हैं।
यह हमें अपने असली रूप को पहचानने में मदद करती है,
यह हमें भीतर की शक्ति का अहसास कराती है,
जो हमें हर क्षण,
हर सांस में
नई ऊँचाइयों तक ले जाती है।

भ्रामरीः ध्यान का मधुर संगीत

यह वह ध्वनि है,
जो शब्दों से परे,
हमारे भीतर गूंजती है,
एक मधुर राग,
जिसे हम सुनते नहीं,
बल्कि महसूस करते हैं।

हवा की मद्धिम लहरों में
घुलते हुए,
जब हम अपनी आँखें बंद करते हैं,
यह आवाज आती है,
मानो कोई मधुर संगीत,
जो हमारे मस्तिष्क की गहराइयों में
सुकून भरता है।
भ्रामरी का यह राग
हमारे हर कण को छूता है,
जैसे चाँदनी रात में
मधुर ताजगी का अहसास हो।

शरीर स्थिर है,
लेकिन मन,
मन अनंत आकाश में उड़ता है,
यह वह संगीत है,
जो हर सांस के साथ,
हमारे भीतर की हलचल को शांत करता है,
यह एक आवाज नहीं,
यह एक अनुभव है,
जो हमारे अस्तित्व के हर क्षेत्र में
अपनी लहरें छोड़ जाता है।

यह भ्रामरी का प्रभाव है,
एक आवाज,
जो भीतर की सारी जटिलताओं को सरल बना देती है,
जो हमें हमारे भीतर के शून्य से जोड़ती है,
जहाँ समय थम जाता है,
जहाँ केवल शांति का अस्तित्व होता है,
और हम एक पूरी नई चेतना में
नवीनीकरण महसूस करते हैं।

यह संगीत,
जो कभी हल्की, कभी गहरी ध्वनियों में बदलता है,
हमारे मन के भीतर
ध्यान की एक लय बनाता है,
हर सांस, हर ध्वनि,
हमारे भीतर के इस अदृश्य संगीत को
गहरी ओर धकेलती है।
यह कोई साधारण ध्यान नहीं,
यह आत्मा की गहराईयों में बहने वाली
एक अदृश्य नदी है,
जो हमें अपने असली रूप से
जोड़ने का मार्ग दिखाती है।

भ्रामरी में,
हमें अपने भीतर की गूंज को पहचानना होता है,
हमें उस आवाज को महसूस करना होता है,
जो शब्दों से परे है,
जो केवल शांति और सुकून से जुड़ी है।
यह ध्यान का संगीत,
हमारे अस्तित्व का अभिन्न हिस्सा बन जाता है,
जो हमें न केवल बाहरी दुनिया से,
बल्कि अपने भीतर के शोर से भी मुक्त करता है।

जब हम भ्रामरी की ध्वनि में खो जाते हैं,
हम समझ पाते हैं कि
ध्यान केवल श्वासों के बारे में नहीं,
बल्कि उस गूंज के बारे में है,
जो हमारे भीतर, हमारे अंतरतम में,
हर पल गूंजती रहती है,
और हमें एक शाश्वत शांति का एहसास कराती है,
जहाँ केवल संगीत है,
और कोई अन्य आवाज नहीं।

उज्जायी: आंतरिक शांति का स्रोत

यह श्वास,
जो गहरी ध्वनि के साथ भीतर जाती है,
एक धीमे मगर निरंतर वेग में,
सारी हलचल को शांत करती है।
हर श्वास,
गले से होकर गुजरता है,
जैसे आंतरिक समुद्र में लहरें शांत हो रही हों,
और हम अपने भीतर की सुषुप्त शक्ति को
महसूस करते हैं।

उज्जायी का हर एक श्वास,
एक संगीत बन जाता है,
जो हमारी मानसिक जटिलताओं को
धीरे-धीरे सुलझाता है।
यह ध्वनि, जो बाहरी नहीं,
हमारे भीतर की गूंज है,
हमें याद दिलाती है कि शांति
किसी अन्य स्थान पर नहीं,
हमारे भीतर गहरे कहीं,
रहती है।

शरीर स्थिर है,
लेकिन यह श्वास हमें
एक अनदेखी यात्रा पर ले जाता है,
जहाँ समय की धारा थम जाती है,
जहाँ हम न केवल सांस लेते हैं,
बल्कि आंतरिक शांति के स्रोत से
जुड़ते हैं।
यह श्वास न केवल शरीर की जरूरत है,
यह एक साधना है,

जो हमें हमारे अंदर के शोर से मुक्त करती है,
और हमें आत्मा की गहरी शांति में
स्थिर करती है।

गले से निकलने वाली यह आवाज
हमारे अस्तित्व को एक दिशा देती है,
यह एक प्रतीक है,
हमारी आंतरिक शक्ति का,
जो समय के साथ
हर तनाव को बाहर निकाल देती है,
जैसे कोई शांत नदी,
जो हर कंकड़ को अपने रास्ते से हटा देती है,
और अपने प्रवाह में
केवल निरंतरता और शांति रखती है।

उज्जायी में,
हम श्वास के हर प्रवाह में
अपने भीतर की गहरी शांति को महसूस करते हैं,
यह श्वास हमें याद दिलाती है कि
हम उस शांति से घिरे हैं,
जिसे हम हमेशा खोजते हैं,
वह हमारे भीतर है,
वह हमारी श्वासों के साथ बहती है,
वह हमारी गहरी सांसों में निहित है।

यह शांति,
जो किसी शब्दों से नहीं,
बल्कि आंतरिक अनुभव से आती है,
हमें सिखाती है कि
हम बाहरी हलचलों से नहीं,
अपने भीतर की गहराई से
सशक्त होते हैं।

उज्जायी एक साधना नहीं,
यह एक अनुभव है,
जो हमें हमारे असली रूप की ओर
ले जाता है,
जहाँ हम शांति का स्रोत
हर सांस के साथ पहचान पाते हैं।

नाड़ी शोधनः शुद्धि का साधन

हवा के प्रवाह में
कुछ गहरा है,
कुछ अदृश्य,
जो भीतर के रास्तों को साफ करता है।
हर श्वास के साथ,
जैसे धुंआ धीरे-धीरे छंट जाता है,
वैसे ही हमारे भीतर की नाड़ियाँ
शुद्ध होने लगती हैं।
एक संतुलन की खोज,
जो हमें अपने ही शरीर से
जुड़ा हुआ महसूस कराती है,
हर श्वास, हर ताजगी
एक नया रुझान बनती है,
जैसे चक्रों में सुथराई हो,
हमारे अस्तित्व में शुद्धता का प्रवाह हो।

यह नाड़ी शोधन का समय है,
जब हम हवा को सिर्फ श्वास नहीं मानते,
वह ऊर्जा बन जाती है,
जो हमारे शरीर में हर आंतरिक मार्ग को
साफ करती है,
जो हमें बाहरी शोर से परे
आंतरिक आवाज सुनने में सक्षम बनाती है।

नासिका के प्रत्येक छिद्र से
जब श्वास आती है,
तब शरीर के भीतर

कहीं न कहीं,
एक शुद्धि की प्रक्रिया चल रही होती है।
यह एक साधना है,
जो न केवल शरीर को,
बल्कि हमारे मन और आत्मा को
भी शुद्ध करती है,
हमारे हर भाव,
हमारे हर विचार
इस शुद्धि के साथ
एक नई ऊर्जा से भरे होते हैं।

कभी धीमी, कभी तीव्र,
श्वास का यह खेल
हमारे भीतर के अनियंत्रित मार्गों को
स्वच्छ करता है,
जहाँ शांति का अदृश्य रासायन
हर अंग में बसता है।
हमें न केवल अपने शरीर से,
बल्कि उन नाड़ियों से भी जुड़ना होता है,
जो हमारी सबसे गहरी शक्तियों का मार्ग प्रशस्त करती हैं।
यह शुद्धि का सफर है,
जो हमें अपने भीतर की खोई हुई शांति
फिर से पाने की ओर ले जाता है।

नाड़ी शोधन केवल शारीरिक क्रिया नहीं,
यह हमारे भीतर का एक गहरा संवाद है,
हमारे शरीर के हर कण से,
जो हमें यह सिखाता है

कि शुद्धता बाहरी नहीं,
भीतर से आती है।
यह एक प्रक्रिया है,
जो हमें अपने अस्तित्व के हर पहलू को
स्वच्छ करने की शक्ति देती है।
जब हम श्वास के साथ एक होते हैं,
हम महसूस करते हैं
कि हम पहले से अधिक शुद्ध हैं,
हमारे भीतर न केवल हवा,
बल्कि एक नया जीवन सांस ले रहा है।

सूर्य भेदी प्राणायाम: ऊर्जा का प्रवेश

यह वह श्वास है,
जो सूरज की किरणों के समान तेज़,
नाभि से निकलती है,
आत्मा तक पहुँचती है,
और भीतर के अंधकार को
चमकाने का काम करती है।
हर श्वास,
जिसे हम अपनी नासिका से खींचते हैं,
सूर्य की ऊर्जा का प्रवाह बन जाता है,
हमारे भीतर कुछ नया प्रवेश करता है,
कुछ जो हमें न केवल जगाता है,
बल्कि हमारे अस्तित्व के हर हिस्से को
सशक्त करता है।

सूर्य की ऊर्जा,
जो हमेशा ऊपर होती है,
वह अब हमारे भीतर समाती है,
जैसे सर्दियों में पहली धूप
जमीन को गर्म करती है,
वैसे ही यह श्वास हमारे शरीर को
गर्म और जागृत कर देती है।
यह एक प्रवेश है,
एक द्वार,
जो हमें हमारे भीतर की शक्ति
महसूस करने का अवसर देता है,
यह वह ऊर्जा है,
जो हमें हमारे कार्यों में
नए उद्देश्य के साथ प्रेरित करती है।

हमारे नथुनों से होकर यह श्वास
सिर से लेकर पैरों तक
गहरी धारा की तरह बहती है,
जो हर अवरोध को हटाती है,
जो हमें महसूस कराती है
कि हम सूर्य के अंश हैं,
उस ऊर्जा का हिस्सा हैं
जो हर जीव के भीतर प्रवेश करती है।
यह श्वास सिर्फ शारीरिक नहीं,
यह एक चेतना है,
जो हमें बाहरी संसार से
आंतरिक लोक की ओर मोड़ती है,
जहाँ हम निरंतर नए उत्साह और शक्ति से
जीने का आनंद लेते हैं।

सूर्य भेदी प्राणायाम
हमें वह शक्ति देता है,
जो भीतर के हर कक्ष में ऊर्जा भरने का काम करती है,
यह ऊर्जा सिर्फ हमारी मांसपेशियों में नहीं,
बल्कि हमारे विचारों,
हमारे भावनाओं में भी प्रवेश करती है।
हमारे भीतर जब यह ऊर्जा प्रवेश करती है,
हम महसूस करते हैं,
कि जैसे सूरज की किरणें
हमारी हड्डियों तक पहुँची हों,
और हमें गर्मी और जीवन का अहसास कराती हों।
यह श्वास हमें सिखाती है,
कि शक्ति और शांति
हमारे भीतर ही समाई होती है,
यह हमें अपने भीतर की अग्नि को
प्रकाशित करने का अवसर देती है।

सूर्य की किरणों के समान,
यह श्वास हर गहरे कोने में
रोशनी फैलाती है,
जो हमें हमारे उद्देश्य की ओर
सही दिशा दिखाती है,
और हम उस ऊर्जा के साथ
हर कदम बढ़ाते हैं,
जो हमें स्वयं से जोड़ती है,
जो हमें आत्मविश्वास और साहस देती है।
सूर्य भेदी प्राणायाम
हमारे भीतर ऊर्जा का प्रवेश करता है,
एक ऐसी ऊर्जा,
जो हमें न केवल उजागर करती है,
बल्कि हमें जागृत भी करती है।

चंद्र भेदी प्राणायाम: चित्त की शांति

यह श्वास एक ठंडी हवा के समान है,
जो रात के आकाश से निकलती है,
मृदु और शांत,
हमारी नासिका से गुजरती है,
जैसे चाँद की चाँदनी
अंधेरे को धीरे-धीरे हटा देती है।
यह श्वास हमारे भीतर
चाँद की शीतलता को उतार लाती है,
हमारे विचारों को
धीरे-धीरे शांत करती है,
हर उत्तेजना, हर हलचल
जैसे खुद को असहाय पाती है,
क्योंकि इस श्वास के प्रवाह में
एक अदृश्य शांति समाई होती है।

चंद्र भेदी प्राणायाम
एक स्रोत है,
जो हमारे चित्त के ज्वार को
नम्रता से रोकता है,
हमारे अंदर की हलचल को
शांत करता है,
यह श्वास किसी नदियों की तरह,
हमारे भीतर के तमाम आक्रोश को
स्मरण कराती है,
कि सागर के तल में
सभी तूफ़ान थम जाते हैं,
यह सिखाती है,
कि सच्ची शांति
कभी संघर्ष से नहीं,
बल्कि आंतरिक स्थिरता से आती है।

हम श्वास को जितना भीतर खींचते हैं,
चाँद की चाँदनी उतनी ही प्रखर होती जाती है,
जो हमारे भीतर की उथल-पुथल को
शांत कर देती है।
यह श्वास हमें आत्मा के गहरे हिस्से तक ले जाती है,
जहाँ सभी सवालों के उत्तर मिलते हैं,
और कोई चिंता, कोई भय नहीं रहता।
यह चंद्र भेदी प्राणायाम
हमारे भीतर उस शीतलता को भरता है,
जो हमें हर भ्रम से मुक्त करती है,
हम स्वयं को समझने की स्थिति में आते हैं,
जैसे चाँद की रोशनी
हमारे अस्तित्व के हर कोने को
पारदर्शी बना देती है।

इस प्राणायाम में
हम हर श्वास के साथ
अपने भीतर की गहराई में उतरते हैं,
जैसे चाँद की रौशनी
समुद्र की गहराई में रंग भरती है।
यह श्वास हमारे भीतर
एक द्वार खोलती है,
जो हमें अपने असली स्वरूप से जोड़ती है,
जहाँ केवल शांति का समंदर होता है,
जहाँ हर सोच, हर विचार
एक साथ विलीन हो जाता है,
और केवल शांति और संतुलन रह जाता है।

चंद्र भेदी प्राणायाम
हमारे चित्त को
उन गहरे तलवों तक पहुँचाता है,

जहाँ हम सच्चे आंतरिक शांति का अनुभव करते हैं,
यह श्वास हमें याद दिलाती है
कि शांति कभी बाहर नहीं होती,
यह भीतर होती है,
और हम जितना गहरे जाते हैं,
वह उतनी ही स्पष्ट और स्पष्ट होती जाती है।
चाँद की चाँदनी की तरह
यह श्वास हमें उस निराकार शांति का अहसास कराती है,
जो हमें केवल आत्मा से मिलती है,
एक शांतिपूर्ण, स्थिर और परिपूर्ण अस्तित्व में।

ध्यान के मुख्य प्रकार

1. मंत्र ध्यान (शब्द की शक्ति): इस ध्यान में किसी विशेष मंत्र का उच्चारण किया जाता है, जिसका उद्देश्य मानसिक शांति और आध्यात्मिक उन्नति प्राप्त करना है। शब्द की शक्ति से मन की तरंगें शांत होती हैं।

2. विपश्यना ध्यान (सत्य का साक्षात्कार): यह ध्यान विधि ध्यानार्थी को अपने शारीरिक अनुभवों और विचारों का निरीक्षण करने के लिए प्रेरित करती है। इसका उद्देश्य सत्य की गहरी समझ प्राप्त करना और आत्मज्ञान हासिल करना है।

3. साक्षीभाव ध्यान (खुद को जानने का प्रयास): इस ध्यान में व्यक्ति अपने विचारों, भावनाओं और कार्यों को एक साक्षी के रूप में देखता है, बिना किसी प्रतिक्रिया के। इसका उद्देश्य आत्मज्ञान और आत्मबोध है।

4. कुंडलिनी ध्यान (ऊर्जा का उत्थान): इस ध्यान का उद्देश्य शरीर की शारीरिक ऊर्जा (कुंडलिनी) को जागृत करना है, जो मेरुदंड से ऊपर की दिशा में प्रवाहित होती है। यह ध्यान मानसिक और शारीरिक शक्तियों को सशक्त बनाता है।

5. प्राण ध्यान (श्वासों पर ध्यान): इस ध्यान विधि में व्यक्ति अपनी श्वासों पर ध्यान केंद्रित करता है, जिससे मानसिक शांति मिलती है और श्वासों के माध्यम से जीवन ऊर्जा को महसूस किया जाता है।

6. ओंकार ध्यान (ब्रह्मांड से जुड़ाव): ओंकार का उच्चारण करते हुए ध्यान किया जाता है। ओंकार का स्वर ब्रह्मांड की मौलिक ध्वनि

से जुड़ा होता है, और इस ध्यान से व्यक्ति ब्रह्मांड के साथ सामंजस्य स्थापित करता है।

7. प्राकृतिक ध्यान (प्रकृति की गोद में आत्म सुख): इस ध्यान में व्यक्ति प्राकृतिक परिवेश में बैठकर, वहां की शांति और सौंदर्य में खो जाता है। यह ध्यान शरीर और मन को आराम प्रदान करता है और आत्म-सुख की अनुभूति कराता है।

ये सभी ध्यान विधियाँ आत्मज्ञान, मानसिक शांति और शारीरिक संतुलन को प्राप्त करने के लिए कारगर हैं।

मंत्र ध्यान: शब्द की शक्ति

ध्यान की गहरी गहराई में उतरते हुए,
शब्द की शक्ति से मन रचता है एक नई धारा,
मंत्र की ध्वनि, जैसे नदी के प्रवाह में ताजगी,
हर उच्चारण, हर ध्वनि, एक नई दिशा का संचार करती है।

शब्दों में छिपा है ब्रह्मांड का रहस्य,
आलिंगन करता है, अपने अस्तित्व से,
हर बार जब हम मंत्र का जाप करते हैं,
हम गहरी शांति की ओर बढ़ते हैं,
जैसे भरी हुई नदियों में समंदर का मिलन होता है।

आधुनिकता की लहरों के बीच,
जब शब्दों का महत्व कम हो गया हो,
मंत्र के शब्दों में ही जीवन की गूंज छिपी है,
सहज, स्वाभाविक, बिना किसी विवाद के।

मन की हलचल शांत होती है,
सभी विचारों का समुद्र सुकून से शांत हो जाता है,
शब्द से उत्पन्न ऊर्जा शरीर में समाती है,
हमारे भीतर की दिव्यता उजागर होती है।

कभी यह मंत्र, बस शब्द नहीं,
यह एक हांथी के विशाल पैरों की ध्वनि की तरह गूंजता है,
कभी यह जल की हलचल के समान शांत,
फिर भी अपनी उपस्थिति, पूरी दुनिया में फैलाते हुए।

कभी शब्द केवल स्वर नहीं होते,
वे गहरे सत्य के द्वार खोलते हैं,
हर एक मंत्र, हर एक ध्वनि,
हमारे भीतर एक नई ऊर्जा भरती है।

हमारा अस्तित्व, शब्दों में निहित होता है,
मंत्र के हर स्वर में, हमारे जीवन की लय बसी होती है,
ध्यान के इस सरल, पर गहरे मार्ग में,
हम शब्दों की शक्ति को अपनी आत्मा में समाहित करते हैं।

और जब हम इन शब्दों का जाप करते हैं,
तो हम दुनिया और खुद से जुड़ते जाते हैं,
हर मंत्र, एक नया आरंभ,
एक नई यात्रा, जो कभी खत्म नहीं होती।

विपश्यना ध्यान: सत्य का साक्षात्कार

सत्य, वह जो आकाश के विस्तृत शून्य में गुम हो जाता है,
वह जो रेत की धरती में दबी हुई होती है,
वह जो भीतर के गहरे अंधेरे में छुपी होती है,
विपश्यना एक यात्रा है, उस सत्य को पहचानने की,
जो हमेशा से हमारे भीतर था,
जो छिपा नहीं था, बस हमारी आँखें उसे देख नहीं पा रही थीं।

यह ध्यान कोई बाहरी चमत्कारी यात्रा नहीं,
बल्कि एक आंतरिक जागृति है,
सभी संवेगों से परे,
खुद को खोजना और फिर खुद को देखना,
मन की छाया से परे,
सच्चाई के उजाले में खड़ा होना।

शब्दों की परतें उतरती हैं,
विचारों के बीच से एक खामोशी निकलती है,
हर श्वास, जैसे एक गहरा संवाद हो,
हर पल, जैसे एक नई समझ की ओर बढ़ना हो,
जैसे नदी अपने रास्ते में सारी बाधाओं को पार करती है,
उसी तरह हम अपने भीतर की सीमाओं को पार करते हैं।

विपश्यना, सत्य का न केवल बोध है,
बल्कि वह अनुभव है, जो हमें अज्ञेय से परिचित कराता है,
हमारी समझ से परे, वह निर्विकार अस्तित्व,
जो समय और जगह से स्वतंत्र है,
जिसे हमें बस देखना है, पहचानना है,
अपने भीतर के मौन में उसे सुनना है।

यह यात्रा कभी खत्म नहीं होती,
क्योंकि सत्य, जैसा हम सोचते हैं, वैसा नहीं है,
यह हर पल बदलता है, हर क्षण नया होता है,

और विपश्यना हमें यह सिखाती है,
कि सत्य कोई बंधी हुई परिभाषा नहीं,
बल्कि एक अनुभव है, जो हमेशा बहता रहता है,
जैसे एक नदी, जो अपने रास्ते में हर घड़ी नया रूप धारण करती
है।

सत्य को जानना कोई बाहरी खोज नहीं,
यह आत्मा की गहराई से आवाज़ है,
यह वह चेतना है, जो समय की सीमाओं से परे,
हमेशा मौजूद रहती है,
यह वह प्रकाश है, जो अंधेरे को चीरता है,
सिर्फ यह हमें उसे देखना है, उसे महसूस करना है।

सत्य को जानने के लिए हमें बस एक दृष्टि चाहिए,
जो हमारे भीतर की शांति से जुड़ी हो,
जो बाहरी दुनिया से परे,
हमारे भीतर की गहराई में स्थित हो।
यह विपश्यना है,
जो हमें सिखाती है,
कि हम क्या हैं, और हम कहां हैं।

साक्षीभाव ध्यानः खुद को जानने का प्रयास

यह ध्यान कोई खोज नहीं,
बल्कि एक खुला आकाश है,
जहां विचार जैसे बादल गुजरते हैं,
हम सिर्फ उस आकाश को देखते हैं,
बिना किसी विचार के,
बिना किसी रुचि के,
सिर्फ उपस्थित रहते हुए।
हम उनके साथ नहीं होते,
हम बस उनका निरीक्षण करते हैं,
जैसे एक दूर खड़ा व्यक्ति देखता है,
एक पर्वत पर चढ़ते हुए,
मगर खुद को कहीं नहीं पाता।

हम खुद को खोजना चाहते हैं,
हम उन विचारों के साथ नहीं हैं,
जो हमें हर पल, हर क्षण,
एक नई दिशा में ले जाते हैं,
हम उनके केवल साक्षी बनते हैं,
एक अनदेखे सच का गवाह।
हम जानते हैं,
कि हम नहीं हैं वे विचार,
हम नहीं हैं वह शोर,
हम नहीं हैं वह विकार,
हम हैं बस, शांति,
जो बिना किसी परेशानी के,
हर चीज को देखती है।

यह साधना कुछ नहीं,
बस खुद को जानने का सरल प्रयास है,
वह जो हम हैं,

जो कभी हमारे शब्दों में,
कभी हमारे विचारों में,
कभी हमारी भावनाओं में,
कभी हमारी गतिविधियों में खो जाता है।
हम इसे पकड़ने का प्रयास करते हैं,
लेकिन यह हमेशा हमारी पकड़ से बाहर रहता है,
और हम इसे साक्षीभाव से देखते हैं,
जैसे जल में आकर लहरें शांत होती हैं,
हम अपने भीतर के जल को शांत करने का प्रयास करते हैं।

हमारे भीतर का सच हमेशा वहीं था,
सिर्फ हमें उसे देखना था,
साक्षीभाव में,
हम अपने अस्तित्व के वास्तविक रूप को पहचानते हैं,
हम सिर्फ एक आँख होते हैं,
जो देखती है,
लेकिन कभी प्रतिक्रिया नहीं करती।
हमारे भीतर की हलचल,
हमारे आस-पास की दुनिया,
सभी का अदृश्य भाग,
सिर्फ हमें समझने के लिए है,
हम जानते हैं,
हम कोई भूमिका नहीं निभाते,
हम सिर्फ गवाह हैं,
जो घटनाओं को होती हुई देखता है।

जैसे समुद्र की गहराई में,
मछली को उसकी पहचान नहीं होती,
वैसे ही हम भी अपनी गहरी पहचान से अनजान होते हैं,
लेकिन साक्षीभाव के साथ,
हम उसे देख पाते हैं।
हम अपने सच्चे रूप को जानते हैं,

जो कभी आकार नहीं लेता,
जो कभी न बदलता,
जो कभी किसी कूप में बंधता नहीं,
हम सिर्फ उस रूप को देखते हैं,
जो हमेशा एक सा रहता है,
और हम उसी में अपना अस्तित्व पाते हैं।

यह यात्रा केवल आत्मा की गहरी स्थिति तक पहुंचने की नहीं,
बल्कि जीवन के हर पल को समझने की है,
साक्षीभाव ध्यान,
हमारे आत्मबोध का प्रयास है,
यह एक धीमी लय से होते हुए,
हमसे हमें जानने का मौका देता है,
हम जो हैं, वह सिर्फ एक स्वच्छ दर्पण में दिखता है,
जब हम उसे साक्षीभाव से देखते हैं,
बिना किसी न्याय के,
बिना किसी अपेक्षा के।

कुंडलिनी ध्यान: ऊर्जा का उत्थान

यह ध्यान कोई शांतिपूर्ण आश्रय नहीं,

यह एक विस्फोट है, एक गहरे उल्लास की धारा,

जो सन्नाटे में छुपी रहती है,

कभी जागृत होती है, कभी सोती रहती है,

हमारी नसों में बसी हुई,

हमारी मांसपेशियों की गहराई में,

हमारी आत्मा की छांव में।

हम अपने भीतर की गहरी चुप्प में,

उस ऊर्जा को महसूस करते हैं,

जो एक अदृश्य शक्ति की तरह हमारे भीतर फैलती है,

जैसे जमीन के नीचे एक शक्ति को पकड़ने की कोशिश हो,

जैसे धरती से निकलने वाली गर्म हवा,

जो हमें अंदर से गर्म करती है,

और एक नई चेतना का निर्माण करती है।

कुंडलिनी, वह छुपी हुई शक्ति,

जो हर किसी के भीतर से बाहर निकलने के लिए बेताब है,

यह एक अग्नि है, जो हमारी रीढ़ में बैठी हुई है,

चुपचाप, किसी बीज की तरह,

जो फूटने के लिए तैयार है।

हम उस बीज को जानते हैं,

हम उसे जगाते हैं,

हम उसे अपने मन और शरीर के प्रत्येक कण में महसूस करते हैं,

जब वह उभरती है, तो हम हर अंग में उसकी हलचल महसूस
करते हैं,

जैसे एक नदियाँ, जो अपने रास्ते में हर चट्टान को तोड़ती हैं।

यह ध्यान हमें अपनी शारीरिक और मानसिक सीमाओं से मुक्त
करता है,
हमें अपने भीतर के अज्ञेय से परिचित कराता है,
जैसे कोई चट्टान जल में डुबोकर
उसकी गहराई में एक सोने की वस्तु को ढूँढता है।
कुंडलिनी का उत्थान हमें अपने स्वयं के परम रूप से जोड़ता है,
हम न केवल अपनी आत्मा को जानते हैं,
हम पूरे ब्रह्मांड से जुड़ जाते हैं।

हमें इसे समझने का समय नहीं मिलता,
हमें इसे अनुभव करना होता है,
यह केवल एक यात्रा नहीं,
बल्कि एक ज्वाला है, जो हमें जलाकर नया रूप देती है,
जो हमें नया दृष्टिकोण प्रदान करती है,
हमें हमारी शक्ति का अहसास कराती है।
यह उत्थान केवल शारीरिक नहीं,
यह मानसिक, आध्यात्मिक और आंतरिक है,
जो हमारे भीतर के हर कोने में रोशनी भरता है।

हमारे भीतर की शक्ति को बाहर लाने के लिए,
हमें उसे महसूस करना होगा,
हमें उसकी उपस्थिति को स्वीकार करना होगा,
उसके उत्थान से हम अपने पूर्ण रूप को देखते हैं,
हमारी चेतना से छूती हुई,
हमें अपना वास्तविक स्वरूप दिखाई देता है,
हम जानते हैं कि हम कोई सामान्य व्यक्ति नहीं,
हम असीमित शक्तियों के धारक हैं।

कुंडलिनी का उत्थान हमें यह दिखाता है,
कि हम क्या हैं,
कहाँ से आए हैं,
हमारी ऊर्जा क्या है,
हमारे भीतर की वह अग्नि क्या है,
जो हमें जीवन की सच्चाई से जोड़ती है,
हमारी चेतना से एक अज्ञेय को बाहर लाती है,
और हमें हमसे परे के रूप को दिखाती है।

प्राण ध्यानः श्वासों पर ध्यान

यह ध्यान श्वासों की चुप्प में बसा है,
वह जो अनदेखा, अनछुआ है,
जो भीतर कहीं गहराई में रहता है,
और फिर हर आहट के साथ,
हमसे जुड़ता है।
यह कोई साधारण श्वास नहीं,
यह जीवन की धारा है,
जो हमें हर पल जिंदा रखती है,
जो बिना किसी शब्द के,
हमें खुद से परिचित कराती है।

हम श्वास लेते हैं,
लेकिन कभी सोचा है,
क्या हम उसे महसूस करते हैं?
क्या हम जानते हैं,
कि वह श्वास हमारे भीतर के तूफान को शांत कर सकती है?
क्या हम यह समझते हैं,
कि वह श्वास हमारी चेतना के प्रत्येक कण में बसी हुई है,
जैसे एक नदी जो अपनी धारा में हर कंकर को धो देती है,
वैसे ही श्वास, हमारी चिंताओं को,
हमारी उलझनों को,
हमारे डर को धुंधला करती है।

प्राण ध्यान, कोई साधारण ध्यान नहीं,
यह एक गहरी यात्रा है,
जहाँ हम अपनी श्वास के साथ एक हो जाते हैं,
हम श्वास को नहीं लेते,
हम खुद को श्वास में विलीन कर देते हैं,
जैसे समंदर में एक बूंद समा जाती है,
वैसे ही हम अपनी छोटी-सी दुनिया में

उस महान श्वास के साम्राज्य में समा जाते हैं।

यह ध्यान हमें दिखाता है,
कि हर श्वास में एक गहरा रहस्य है,
हर श्वास में एक ब्रह्मांड है,
हर श्वास हमें न केवल जीवन देती है,
बल्कि हमें उस जीवन के पूरे सार से जोड़ती है,
हमें एहसास होता है,
कि हम केवल श्वास नहीं,
हम जीवन के हर पल के साथ जुड़े हुए हैं।

जब हम अपनी श्वास को देखते हैं,
तो हम अपनी आँखों से नहीं,
हम अपनी आत्मा से देख रहे होते हैं,
हम श्वास की लय को महसूस करते हैं,
हम उसकी गहरी ध्वनि को सुनते हैं,
हम उसके हर उत्थान और अवसान में बंध जाते हैं,
जैसे एक पंखी अपनी उड़ान को महसूस करता है,
वैसे ही हम श्वास के साथ उड़ते हैं,
हम अपने भीतर के आकाश को खोजते हैं।

प्राण ध्यान के माध्यम से,
हम अपने भीतर के सबसे गहरे आंतरदृष्टि को खोलते हैं,
हम समझते हैं,
कि श्वास केवल शरीर का काम नहीं,
यह आत्मा का एक गहरा संवाद है,
जो हमें भीतर की शांति,
आंतरिक शक्ति और प्रेम से जोड़ता है।
हम श्वास के हर पल में,
अपने अस्तित्व का अर्थ पाते हैं,
हम उसकी गहरी लहरों के बीच,
अपने सच्चे रूप को समझते हैं।

प्राण ध्यान, कोई साधारण साधना नहीं,
यह जीवन के प्रत्येक कदम को महसूस करने की कला है,
यह हमें दिखाती है,
कि हम अपने भीतर के शांति के स्रोत से जुड़े हैं,
जो हमें हमेशा जीवन के साथ संतुलित रखता है,
हमारे हर श्वास के साथ,
हम जीवन से एक होते हैं,
हम उस शक्ति को महसूस करते हैं,
जो हर श्वास में बसी होती है,
और जो हमें हमेशा अपने अस्तित्व से जोड़ती है।

ओंकार ध्यानः ब्रह्मांड से जुड़ाव

ओंकार, वह दिव्य ध्वनि,
जो हर एक कण में गूंजती है,
वह कंपन जो शून्य से उत्पन्न होकर
हमारे भीतर तक पहुँचता है।
न कोई रूप, न कोई आकार,
सिर्फ एक गूंज,
एक अनहद नाद,
जो सृष्टि के हर चरण से जुड़ा हुआ है।

जब हम ओंकार का जाप करते हैं,
हम सिर्फ शब्दों को नहीं दोहराते,
हम उस ब्रह्मा के साथ एक हो जाते हैं,
जो समय के हर पल में बसा हुआ है,
जो हर विचार, हर आकाश,
हर जीवन के भीतर समाया है।
यह ओंकार का गूंज,
हमारी आत्मा के भीतर उतरी एक आकाशीय राग की तरह है,
जो हमें हमारे असली स्वरूप से परिचित कराता है।

यह ध्यान, एक साधारण अभ्यास नहीं,
यह एक अद्वितीय अनुभव है,
जिसमें हम अपनी चेतना को उस ब्रह्मांड से जोड़ते हैं,
जो कभी अलग नहीं था,
हम केवल उसे महसूस करने के लिए जागते हैं,
हम उसकी ध्वनि को हर श्वास में सुनते हैं,
जैसे कोई गायन है,
जो हमारे अस्तित्व के हर बिंदु से गूंजता है।

ओंकार, एक मंत्र नहीं,
यह एक ब्रह्मांडीय वायु है,
जो हमारी आत्मा की गहराई तक पहुँचती है,

हमें अपने अदृश्य रूप से जोड़ती है,
हमें सिखाती है कि हम केवल शरीर नहीं,
हम एक विस्तृत ब्रह्मांड के अंश हैं,
हमारी चेतना का विस्तार अनंत है,
हम जो कुछ भी हैं,
वह सब ओंकार के अंश हैं।

यह ध्यान, कोई साधारण यात्रा नहीं,
यह एक गहरे समुद्र में गोता लगाने जैसा है,
जहाँ हर ध्वनि, हर कंपन,
हमें हमारे मूल से जोड़ता है,
हमें हमारे परम अस्तित्व की याद दिलाता है।
हम ओंकार के साथ मिलते हैं,
हम उसकी लहरों में खुद को खो देते हैं,
हम जानते हैं कि हम केवल इस पृथ्वी पर नहीं,
हम ब्रह्मांड की हर धड़कन में समाए हुए हैं।

ओंकार ध्यान, एक प्रवाह है,
जो समय और स्थान की सीमाओं से परे है,
यह एक अंतरदृष्टि है,
जो हमें बताती है कि हम कुछ नहीं,
लेकिन एक विशाल प्रेम,
एक दिव्य प्रकाश,
एक अनंत धारा हैं,
जो ओंकार से निकलकर
ब्रह्मांड में फैल जाती है।

यह ध्यान हमें हमारे अंतरतम से जोड़ता है,
हमारे सबसे गहरे और सबसे पुराने सत्य से,
हम उस ध्वनि में समा जाते हैं,
जो जीवन की हर एक धड़कन में बसी होती है,
हम ओंकार के साथ एक होते हैं,

हम उसी ब्रह्मांड के अंश होते हैं,
जो सभी को अपने में समेटे हुए है,
हम एक संगीत, एक राग,
एक चेतना के रूप में ब्रह्मांड से जुड़े रहते हैं।

प्राकृतिक ध्यान: प्रकृति की गोद में आत्म सुख

प्राकृतिक ध्यान, वह यात्रा है
जो सागर की लहरों से भी गहरी है,
वह मार्ग है जो जंगलों की हरियाली में खो जाता है,
जहाँ हर पत्ते की सरसराहट
हमें अपनी आत्मा का संगीत सुनाती है,
जहाँ हवा की हल्की थपकी
हमारे भीतर के शोर को शांत कर देती है,
जहाँ सूर्य की किरणें
हमारे चहरे पर प्रेम की तरह पड़ती हैं।

यह ध्यान कुछ दूरियों पर नहीं,
यह सीधे हमारी आत्मा में प्रवेश करता है,
प्राकृतिक रूप से खुद को जानने का एक तरीका है,
यह उस चुप्प के बारे में है,
जो हर पेड़, हर फूल, हर नदी के साथ बसी होती है,
जो समय की सीमा से परे,
हमारी चेतना के साथ एक हो जाती है।
यह ध्यान हमें दिखाता है कि हम सिर्फ शहरी जीवन के हिस्से नहीं,
हम प्रकृति का अंश हैं,
हम उसी का हिस्सा हैं,
जो बारिश की बूँदों में नृत्य करता है,
जो पहाड़ों की ठंडी हवा में गूंजता है,
जो चाँद की चाँदनी में हर रात बसा होता है।

प्राकृतिक ध्यान में कोई विकर्षण नहीं,
यह केवल एक शांत लय है,
जिसमें हम अपने आप को पूरी तरह से खो देते हैं,
हमारे शरीर से जुड़ी हर एक कोशिका
वह जीवन शक्ति महसूस करती है,
जो प्रकृति हमें देती है।

हर पौधा, हर फूल, हर रंग,
हमारी आँखों में समाता है,
जैसे सूरजमुखी का फूल अपनी दिशा जानता है,
वैसे ही हमारी आत्मा अपनी दिशा महसूस करती है,
हमने जो खो दिया था, वह सब हम पाते हैं,
प्राकृतिक ध्यान की शांत गोद में।

यह कोई साधना नहीं,
यह तो एक संगति है,
प्रकृति और आत्मा की,
जो अपने आप को हर सुबह महसूस करती है,
हर आकाश की तरह, जो बिना किसी भय के फैलता है,
हर फूल की तरह, जो बिना किसी कारण खिलता है।
यह हमें एक स्वाभाविक सुख से जोड़ता है,
जो बिना किसी मेहनत के आ जाता है,
यह वही सुख है जो हवा की एक हल्की सांस में है,
जो बादलों की छाँव में है,
जो नदियों के बहते पानी में है,
जो हर पेड़ की छांव में बसी है।

जब हम प्रकृति के बीच होते हैं,
हम खुद से जुड़ जाते हैं,
हम जानते हैं कि हम केवल मनुष्य नहीं,
हम इस धरती के संतुलन का हिस्सा हैं,
हमारे हर कदम में,
प्रकृति का हर रूप बसा होता है,
हमारी शांति, हमारी खुशियाँ,
हमारी त्रासदी भी,
यह सब उसी आदान-प्रदान में हैं,
जो हमें प्रकृति से मिलता है,
और हम इसे स्वीकारते हैं,
जैसे एक नदी अपने रास्ते को अपनाती है।

प्राकृतिक ध्यान में कोई विशेषता नहीं,
यह सिर्फ एक प्राकृतिक सहजता है,
जो हमारी आत्मा को शांति और संतुलन देती है,
यह उस प्रेम का रूप है,
जो हमें बिना किसी शर्त के,
हर दिन प्रकृति से मिलता है,
और हम उसका अहसास करते हैं,
अपने भीतर और बाहर,
जब हम खुद को उसकी गोद में छोड़ देते हैं,
और उसकी शांति में समाहित हो जाते हैं।

मुद्राएँ और बंध

जालंधर बंध: मस्तिष्क का सामंजस्य

1. ज्ञान मुद्रा: यह मुद्रा आत्मज्ञान और मानसिक शांति का प्रतीक है। इसे घुटनों पर हाथ रखकर अंगूठे और उंगली के बीच मिलाकर किया जाता है।

2. प्राण मुद्रा: यह मुद्रा जीवन की ऊर्जा को संतुलित करती है और शारीरिक व मानसिक स्वास्थ्य को बढ़ावा देती है। इसमें अंगूठा और तर्जनी अंगुली मिलाए जाते हैं।

3. अंजलि मुद्रा: इसे श्रद्धा और सम्मान का प्रतीक माना जाता है, जहां दोनों हाथों को नमस्कार की स्थिति में जोड़ा जाता है।

4. शक्ति मुद्रा: इस मुद्रा के द्वारा आत्मबल और मानसिक शक्ति का जागरण होता है। इसे विशिष्ट अंगुली पोजिशन में किया जाता है।

5. हृदय मुद्रा: यह मुद्रा भावनाओं और मनोबल का सामंजस्य करती है, जिससे मानसिक शांति और संतुलन मिलता है।

6. मूलबंध: यह बंध शरीर के निचले हिस्से में स्थित ऊर्जा को नियंत्रित करता है और मानसिक व शारीरिक बल को मजबूत करता है।

7. उड्डियान बंध: इस बंध का अभ्यास आंतरिक शक्ति और ऊर्जा को जागृत करने में मदद करता है, जिससे ध्यान की स्थिति में सुधार होता है।

8. जालंधर बंध: यह बंध मस्तिष्क और श्वसन प्रणाली का सामंजस्य स्थापित करता है और ध्यान की स्थिति को गहरा बनाता है।

ये मुद्राएँ और बंध योग और ध्यान की प्राचीन विधियाँ हैं जो शारीरिक, मानसिक और आत्मिक संतुलन प्राप्त करने में सहायक हैं।

ज्ञान मुद्रा: आत्मज्ञान का प्रतीक

आत्मा की गहरी नीरवता में,
जहाँ शब्दों का कोई अस्तित्व नहीं,
वहाँ एक मुद्रा उठती है,
हाथों की उन रेखाओं में,
जो बिखरी हुई नहीं,
बल्कि समाहित हैं हर क्षण में।

यह ज्ञान मुद्रा है–
आत्मज्ञान का प्रतीक,
जो न केवल बाहरी रूप में,
बल्कि भीतर की गहराइयों में छिपा हुआ है।
यह वही हाथ हैं,
जो अहंकार की सारी बाधाओं को तोड़ते हैं,
जो भीतर की चुप्पी से संवाद करते हैं,
और एक मौन की गहराई से,
हमें सच्चे स्व को जानने की राह दिखाते हैं।

जैसे मिट्टी के पात्र में जल का रूप होता है,
वैसे ही हममें आत्मा का रूप है।
जब हम इस मुद्रा में होते हैं,
हम छूट जाते हैं,
वह सब जो हमें बांधते हैं,
सभी भ्रामक विचार,
हमारे भीतर की विकृतियां,
सब कुछ मिट जाता है।

हाथों का ये सरल स्थान,
यह केवल शरीर की क्रिया नहीं,
बल्कि एक दिव्य प्रतीक है,
जो हमारे अस्तित्व की गहराई से जुड़ा है।
यह हमें याद दिलाता है,
कि ज्ञान न बाहर है,
न किसी ग्रंथ में छिपा हुआ,
बल्कि हमारे भीतर की शांति में,
उस ज्ञान के सागर में बसा है।

यह मुद्रा नहीं,
बल्कि आत्मा का आलिंगन है,
जहाँ हम अपने वास्तविक स्वरूप को अनुभव करते हैं,
जहाँ हम समझते हैं,
कि हम केवल शरीर नहीं,
बल्कि उस असीम आत्मा का हिस्सा हैं,
जो समय, स्थान और रूप से परे है।

ज्ञान मुद्रा में हम,
अपने भीतर की आंतरिक ज्योति को पहचानते हैं,
जो हमें अंधकार से बाहर निकालती है,
जो हमें दिखाती है,
कि हम केवल मनुष्य नहीं,
बल्कि एक जीवित चेतना हैं,
जो सृष्टि के हर कण में समाहित है।

यह एक रीत है,
एक प्रक्रिया है,

जो हमें भीतर के सत्य तक पहुंचाती है,
जहाँ कोई द्वंद्व नहीं,
कोई दुविधा नहीं,
सिर्फ एक अद्वितीय शांति है,
जो केवल ज्ञान की मुद्रा से प्राप्त होती है।

यह मुद्रा,
हर एक हाथ में बसी हुई शांति की प्रतीक है,
जो हमें अपने भीतर के सर्वज्ञता का अहसास कराती है,
यह आत्मज्ञान का प्रतीक है,
जो हमें अपने अस्तित्व के गहरे अर्थ को समझने की शक्ति देता है।

प्राण मुद्राः जीवन ऊर्जा का प्रवाह

जब हम अपनी हथेलियों को जोड़ते हैं,
जब अंगुलियाँ मिलती हैं,
एक अजीब सी लहर, एक चुप्पी,
हमें छूने लगती है।
यह प्राण मुद्रा है–
जीवन की ऊर्जा का प्रवाह,
जो हमसे, हमारे भीतर से निकलकर,
सभी दिशाओं में फैलता है।

यह वह क्षण है,
जब हम अपने शरीर की सीमाओं को भूल जाते हैं,
हमें आभास होता है,
कि हम केवल शरीर नहीं,
बल्कि एक बहता हुआ सागर हैं।
हमारे भीतर का प्राण,
वह जीवनदायिनी शक्ति,
हमारी नसों, रक्त, और हड्डियों में नहीं,
बल्कि हमारे मन और आत्मा में समाई होती है।

प्राण मुद्रा के प्रत्येक अंग में,
हर एक उंगली में,
यह ऊर्जा संचारित होती है।
यह केवल एक शारीरिक क्रिया नहीं,
बल्कि एक आंतरिक जागृति है,
जो हमें हमारे भीतर के परम सत्य से जोड़ती है।
यह उस अदृश्य रेखा को पकड़ने का प्रयास है,
जो हमारे अस्तित्व और ब्रह्मांड के बीच खींची गई है।

जब हम इस मुद्रा में बैठते हैं,
हम महसूस करते हैं,

कि हमारा शरीर एक पुल बन जाता है,
जो पृथ्वी से आकाश तक फैला होता है।
यह हम नहीं हैं,
बल्कि एक निरंतर प्रवाह है,
जो जीवन के हर क्षण में बहता है,
हमारे भीतर से बाहर और बाहर से भीतर।

हमारी श्वास,
हमें एक अदृश्य डोर से जोड़ती है,
जो हमारे मन और आत्मा को एक साथ जोड़ता है,
जिससे हर विचार, हर संवेदना,
प्रत्येक चित्कारी, एक साथ जुड़ती है।
यह प्राण मुद्रा में हर एक श्वास,
हर एक पल,
एक सजीव ऊर्जा में रूपांतरित हो जाती है।

यह मुद्रा हमें याद दिलाती है,
कि हम केवल शरीर नहीं हैं,
हम एक शुद्ध, अनन्त ऊर्जा के रूप में हैं,
जो अनदेखे रास्तों से निकलती है,
और पूरे ब्रह्मांड को एक सूक्ष्म लय में जोड़ती है।
यह एक ध्यान की गहराई है,
जो समय और स्थान से परे है,
जहाँ सिर्फ हम,
हमारे श्वास,
और हमारे प्राण का संगम है।

यह प्राण मुद्रा,
एक शक्ति का प्रतीक है,
जो जीवन के हर पहलू में समाहित है।
यह हमें बताती है,
कि जीवन केवल शारीरिक क्रियाओं का खेल नहीं,

बल्कि यह एक निरंतर प्रवाह है,
जो हमारे भीतर से बाहर और बाहर से भीतर
हमेशा चलता रहता है।

प्राण मुद्रा में हम,
अपने शरीर और आत्मा के बीच के अंतराल को भरते हैं,
हमारी ऊर्जा में संतुलन आता है,
हम अपने भीतर के गहरे प्रवाह को पहचानते हैं।
यह एक संदेश है–
हम सिर्फ शरीर नहीं हैं,
हम एक निरंतर प्रवाह हैं,
जो अनन्तता में विलीन हो जाता है।

अंजलि मुद्रा: श्रद्धा का प्रतीक

हाथों की एक सरल मिलन,
दोनों हथेलियाँ, नर्म और ठंडी,
मिलती हैं, एक मंदिर के द्वार की तरह,
जहाँ हर एक अंगुली,
एक प्रार्थना की धारा बन जाती है।
यह अंजलि मुद्रा है–
श्रद्धा का प्रतिरूप,
जो न शब्दों से,
न ही आकार से बयां होता है,
बल्कि उस अंतरंग विश्वास से प्रकट होता है,
जो हमारे भीतर मौन रूप से गूंजता है।

जब हम इसे उठाते हैं,
कंधे से थोड़ा ऊपर,
स्वाभाविक रूप से जैसे मन शांति को खोजता है,
हमारे मन की सारी हलचलें चुप हो जाती हैं,
और हम उस अदृश्य शक्ति से जुड़ने की तैयारी करते हैं,
जो सृष्टि की प्रत्येक धड़कन में छिपी होती है।
यह विश्वास का संकेत है,
जो दिखता नहीं,
फिर भी सब कुछ व्यक्त कर जाता है।

अंजलि मुद्रा में हम अपना अस्तित्व,
जितना बाहरी है,
उतना ही आंतरिक भी समझते हैं,
और अपनी आस्था,
अपने विचारों, अपने कर्मों के प्रति,
उस ऊर्जा में अर्पित कर देते हैं,
जो इस ब्रह्मांड में हर चीज़ को जीवन देती है।
यह एक ऐसी स्थिति है,

जहाँ हम बाहरी दुनिया से अलग,
अपने आप से और उस परम सत्य से मिलते हैं,
जो हमसे बहुत बड़ा,
फिर भी हममें समाया हुआ है।

इस मुद्रा में न कोई अहंकार है,
न कोई भय,
सिर्फ एक सच्चा विनम्रता है,
जो हमें हमारी सीमाओं से परे,
ब्रह्माण्ड की विशालता को स्वीकार करने का साहस देती है।
यह श्रद्धा का प्रतिक है,
जो न तो किसी मंदिर में बंदी है,
न किसी ग्रंथ के शब्दों में,
बल्कि हमारे हृदय में बसता है,
जहाँ हर एक धड़कन,
हर एक विचार,
श्रद्धा की शांति को महसूस करता है।

जब हम इस मुद्रा में होते हैं,
हम अपने भीतर की दीप्ति को महसूस करते हैं,
जो हमें अपने उद्देश्य से जोड़ती है,
और हमें याद दिलाती है कि हम यहाँ केवल प्राप्त करने के लिए नहीं,
बल्कि समर्पण करने के लिए हैं,
वह समर्पण जो हमें अपनी शक्ति से,
अपने विश्वास से,
सभी अस्तित्व के साथ एकाकार करता है।

यह अंजलि मुद्रा,
हमारे मन, शरीर और आत्मा का एक संयोजन है,
जो हमें बताता है कि हम शारीरिक रूप से एक हैं,
लेकिन हमारी आत्मा, हमारी श्रद्धा,

हमारी ऊर्जा,
हमारी शक्ति,
हमारी सचाई,
वह परम शक्ति से जुड़ी हुई है,
जो हमें जीवन की गहरी समझ देती है।

यह सिर्फ एक हाथों की मुद्रा नहीं,
यह एक सच्ची श्रद्धा की अभिव्यक्ति है,
जो हम आकाश, पृथ्वी और आत्मा में
सभी जीवित प्राणियों के प्रति महसूस करते हैं।
अंजलि मुद्रा,
श्रद्धा का प्रतीक है,
जो हमें हर दिन,
हर पल याद दिलाती है,
कि हम जो हैं,
वह हमारे विश्वास, हमारे समर्पण से निर्धारित होता है,
और वह समर्पण,
सिर्फ बाहर नहीं,
हमारे भीतर से पैदा होता है।

शक्ति मुद्रा: आत्मबल का जागरण

जब हाथ उठते हैं,
दृढ़, निश्चल, जैसे पर्वत की चोटी,
कभी न हिलने वाला,
यह शक्ति मुद्रा है–
आत्मबल का जागरण,
जो न केवल बाहरी रूप में प्रकट होता है,
बल्कि हमारे भीतर से बाहर की ओर फैलता है,
जैसे आकाश में विद्युत का प्रवाह,
जो अंधकार को चीरकर उजाला करता है।

यह वह मुद्रा है,
जो हमें अपनी सीमाओं को पार करने की शक्ति देती है,
जो हमें उस शक्ति से जोड़ती है,
जो हमसे कहीं अधिक बड़ी है,
पर फिर भी हमारे भीतर समाहित है।
यह मुद्रा कोई क्रिया नहीं,
बल्कि एक अनुभूति है,
एक विश्वास है,
जो हमें यह बताती है कि हम जिस शरीर में बंधे हैं,
वह केवल एक दायरा नहीं,
बल्कि वह एक अनंत शक्ति का माध्यम है।

शक्ति मुद्रा में हम अपने आप को
उस ऊर्जा से जोड़ते हैं,
जो दुनिया के हर कण में बसी है।
यह वह शक्ति है,
जो हमें उठाती है,
हमारे भीतर की नकारात्मकता को भस्म करती है,
और हमें अपने वास्तविक स्वरूप से परिचित कराती है,
जहाँ हम जानते हैं,

हम केवल शरीर नहीं,
बल्कि एक असीमित, अनन्त शक्ति हैं,
जो हर क्षण विस्तार पाती है।

जब हम इसे करते हैं,
हम अपने भीतर के रक्षकों को जगाते हैं,
हम उस आत्मबल को महसूस करते हैं,
जो किसी संकट से जूझते समय हमें संभालता है,
जो हमें किसी भी डर या भय से परे,
साहस और धैर्य की असीम क्षमता प्रदान करता है।
यह शक्ति,
जो न दिखती है, न सुनाई देती है,
फिर भी हर आंतरिक संघर्ष में विजय की चाबी है,
हमें हर चुनौती को स्वीकार करने की ताकत देती है।

यह मुद्रा हमें याद दिलाती है,
कि हम कोई साधारण मनुष्य नहीं हैं,
हमारी हड्डियों में अजेय शक्ति बसी है,
हमारे रक्त में साहस और आत्मविश्वास बहता है।
यह शक्ति,
हमारे द्वारा उठाए गए हर कदम में,
हर विचार में,
हर आंतरिक प्रेरणा में प्रकट होती है,
जो हमें आगे बढ़ने के लिए प्रेरित करती है।

शक्ति मुद्रा का हर इशारा,
हमारे भीतर की असीमित ताकत को जगाता है,
यह हमें बताता है,
हम हर बाधा को पार कर सकते हैं,
हमारे पास वह आंतरिक बल है,
जो दुनिया की किसी भी चुनौती से टकराने के लिए पर्याप्त है।
यह एक एहसास है,

एक सच्ची आत्म-विश्वास की छाया,
जो हमें अपने सबसे बड़े डर से भी उबरने की शक्ति देती है।

यह वह क्षण है,
जब हम पूरी तरह से महसूस करते हैं,
हम जो हैं, वह केवल हमारे बाहरी रूप से नहीं,
बल्कि हमारी भीतर की शक्ति से निर्धारित होता है,
जो हमें हमारे वास्तविक पथ पर चलने के लिए प्रेरित करती है,
जो हमें हमें हमारे कर्मों का सच्चा अर्थ समझाती है।

शक्ति मुद्रा में हम,
हमारे भीतर के परम साहस को पहचानते हैं,
जो हमें सच्ची स्वतंत्रता की ओर मार्गदर्शित करता है,
जहाँ हम अपने आत्मबल से,
हर परिस्थिति को अपने पक्ष में मोड़ सकते हैं।
यह शक्ति,
हमारी परंपरा से,
हमारी जड़ों से,
हमारी आत्मा से आती है,
जो हमें यह बताती है कि हम अनंत हैं,
हम अजेय हैं,
हम शक्ति से भरे हुए हैं।

हृदय मुद्राः भावनाओं का सामंजस्य

जब हाथ छाती के पास उठते हैं,
जब अंगुलियाँ मिलती हैं,
समान रूप से नर्म और सशक्त,
यह हृदय मुद्रा है–
भावनाओं का सामंजस्य।
यह एक शांतिपूर्ण आस्था है,
जो हमारी गहरी भावनाओं को समझने और स्वीकारने की प्रक्रिया
में बदलती है,
यह वह क्षण है, जब मन का तूफान शांति में बदल जाता है।

हृदय मुद्रा में हम अपने भीतर के उन विरोधों को साधते हैं,
जो अक्सर हमें उलझन में डाल देते हैं,
हम अपनी उलझी हुई इच्छाओं और डर को
इस मुद्रा में समाहित कर देते हैं।
हम जानते हैं कि शांति बाहर नहीं,
बल्कि हमारे भीतर के हृदय में बसी है,
जहाँ हर संवेदना,
हर अहसास एक अदृश्य लय में गूंजता है।

यह वह पल है,
जब हम अपने हृदय से जुड़ते हैं,
अपनी गहरी भावनाओं से,
जो कभी न समझी गई,
या अनदेखी कर दी गई।
यह वह पल है,
जब हम अपने डर को छोड़ देते हैं,
अपने गुस्से को शांत करते हैं,
और अपने दुख को स्वीकारते हैं,
ताकि हम अपने भीतर की सच्ची शांति को पहचान सकें।
हृदय मुद्रा हमें बताती है,

कि भावनाएँ हमारी पहचान नहीं,
हमारे अस्तित्व का केवल एक हिस्सा हैं,
जिन्हें समझना और संतुलित करना ज़रूरी है।
यह हमसे कहती है कि हम अपनी संवेदनाओं से भागने के बजाय,
उन्हें गले लगाएँ,
उनसे सीखें,
और उन्हें अपने भीतर के शांति के मार्ग पर जोड़ें।

यह एक आंतरिक सामंजस्य है,
जो हमें यह समझने में मदद करता है
कि सभी भावनाएँ, चाहे सुख की हो या दुःख की,
हमारे जीवन का अभिन्न हिस्सा हैं।
हम उन्हें नकारते नहीं,
बल्कि उनका सम्मान करते हैं,
क्योंकि वे हमें हमारी मानवता की गहरी समझ देती हैं।
हर एक आंसू, हर एक हंसी,
हमारे भीतर एक गहरी यात्रा का हिस्सा है,
जो हमें खुद से जोड़ती है।

हृदय मुद्रा में हम अपने दिल के भीतर की ऊर्जा को पहचानते हैं,
जो हमारी भावनाओं से आगे बढ़कर,
हमारी चेतना के हर कोने में बसी है।
यह हमें यह महसूस कराती है कि हमारी आंतरिक शक्ति,
हमारी सच्ची भावना,
सिर्फ हमारे भीतर नहीं है,
बल्कि हम इसे बाहर भी फैला सकते हैं,
अपने आस-पास के संसार में शांति और प्रेम का संचार कर सकते
हैं।

यह मुद्रा हमें एक सजीव अनुस्मारक बनाती है,
कि हम अपने भीतर की भावनाओं के साथ पूरी तरह से सामंजस्य
स्थापित कर सकते हैं,

हमारा दिल हमें बताता है,
कि हम अगर खुद को समझेंगे,
तो हम दूसरों को भी समझ सकेंगे।
हृदय मुद्रा में हम समझते हैं,
कि आत्मा का उद्देश्य केवल शांति और प्रेम के माध्यम से खुद को व्यक्त करना है।

मूलबंध: ऊर्जा का नियंत्रण

जब पैर स्थिर होते हैं,
और अंगुलियाँ धरती से जुड़ी होती हैं,
जब रीढ़ सीधी, और श्वास गहरी होती है,
यह मूलबंध है–
जिसका रहस्य हमें अपने भीतर की ऊर्जा के प्रवाह को पहचानने
में निहित है।
यह वह क्षण है जब हम जानते हैं कि हम किसी अज्ञेय बल से जुड़े
हैं,
एक अदृश्य धारा जो हर कोशिका में सन्निहित है,
जो हमें जीवन देती है,
जो हमें बल और साहस प्रदान करती है।

मूलबंध में, हम अपनी ऊर्जा को केन्द्रित करते हैं,
हम उसे बहने की स्वतंत्रता नहीं देते,
हम उसे थामते हैं,
जैसे एक नदी की धारा को उसके तटों के बीच नियंत्रित किया जाता
है।
हमारी पीठ, हमारी जड़ें–
यह वह बंधन है जो हमें पृथ्वी से जोड़ता है,
जिससे हम आकाश की ऊँचाइयों तक उठने का सामर्थ्य पाते हैं।

यह वह बंधन है,
जो हमें हर व्याकुलता से दूर,
आत्मकेंद्रित करता है,
जो हमारे मन की चंचलता को थामकर,
हमें उस शक्ति से जोड़ता है,
जो सृष्टि के प्रत्येक कण में बसी है।
हमारी ऊर्जा, जो अक्सर अराजकता में बिखरी होती है,
यह बंधन उसे संतुलित करता है,
संगठित करता है,

ताकि हम अपने भीतर के स्रोत को पहचान सकें।

यह एक प्रक्रिया है,
एक आंतरिक अभ्यास,
जहाँ हम अपने शरीर, मन और आत्मा के बीच के सशक्त संबंध
को महसूस करते हैं।
हम शरीर की जड़ों को स्थिर कर,
हम आत्मा के ऊँचे क्षितिजों तक पहुँचने के लिए
एक मज़बूत आधार तैयार करते हैं।
यह शक्ति का संवेदनशीलतम रूप है,
जो हमें बताता है कि हमारी ऊर्जा का नियंत्रण
हमारी इच्छाओं और संवेदनाओं से कहीं अधिक कुछ है–
यह हमारे जीवन का संचालक है।

मूलबंध हमें यह समझाता है,
कि हम जिस धरती पर खड़े हैं,
वह केवल एक भौतिक अस्तित्व नहीं,
बल्कि हमारी ऊर्जा के प्रवाह का आधार है।
यह हमें याद दिलाता है कि हम जिन चारों दिशाओं में सन्निहित हैं,
उनमें से हर दिशा हमारे भीतर मौजूद है,
हमारी स्थिरता,
हमारी ऊर्जा की सच्चाई,
हमारी साधना का मार्ग है।

हम इसे अनुभव करते हैं,
जब हम सांसों को धीमा करते हैं,
जब हम शरीर को एक आकार में ढालते हैं,
जब हम मन को एकसूत्री करते हैं,
यह वह प्रक्रिया है जिसमें हम जानते हैं,
कि हमारे भीतर का आंतरिक बल
कभी भी खत्म नहीं होता,
वह कभी अवरुद्ध नहीं होता,

वह बस स्थिर रहता है,
जब हम इसे समझते हैं,
जब हम इसे नियंत्रित करते हैं।

मूलबंध हमें यह सिखाता है,
कि हम किसी बाहरी शक्ति से संचालित नहीं हैं,
हम स्वयं अपनी ऊर्जा के मालिक हैं।
जब हम इसे संप्रेषित करते हैं,
जब हम इसे दिशा देते हैं,
हम उस महान शक्ति से जुड़ते हैं,
जो हमसे कहीं अधिक विराट है,
और यही हमें एक स्थिर और संतुलित जीवन जीने का मार्ग दिखाता
है।

यह बंधन कोई शारीरिक बंधन नहीं,
बल्कि आंतरिक शक्ति का वह बंधन है,
जो हमारी चेतना को पंखों की तरह फैलाता है,
हमें ऊँचा उठाता है,
और हमें हमारे सच्चे उद्देश्य की पहचान कराता है।
यह ऊर्जा का नियंत्रक नहीं,
बल्कि उसका मार्गदर्शक है,
जो हमें जीवन की हर परिस्थिति में समत्व,
शांति और संतुलन प्रदान करता है।

उड्डियान बंध: आंतरिक शक्ति का जागरण

जब आकाश में उड़ने की ख्वाहिश,
शरीर की जड़ों से ऊपर उठने की प्रवृत्ति,
आंतरिक शक्ति के सूक्ष्म संकेत को समझने का वक्त आता है,
यह वह क्षण होता है,
जब हम खुद से सवाल करते हैं:
"क्या हम अपने भीतर की क्षमता को पहचान पाते हैं?"

उड्डियान बंध में,
हमारी नाभि के केंद्र से ऊर्जा का प्रवाह उठता है,
यह कोई साधारण शक्ति नहीं,
बल्कि वह आंतरिक बल है,
जो हमारी आत्मा की गहरी सतह से निकलता है।
हम अपने शरीर की स्थिति को नियंत्रित करते हैं,
हम भीतर की आंतरिक लय को महसूस करते हैं,
यह वही जगह है जहाँ हम अपने जीवन की दिशा को ढालते हैं,
जहाँ हमारे भीतर की गहरी शक्ति जगती है।

यह बंधन हमें बताता है कि
हम केवल भौतिक शरीर नहीं,
हम एक ऊर्जा के स्रोत हैं।
यह हमसे कहता है कि
हमें अपने भीतर के शून्य से
अपनी ऊर्जा को उठाने का साहस होना चाहिए,
हमारे प्रत्येक अंग में एक दबी हुई शक्ति है,
जो हमारे जागरण का इंतजार करती है।

यह बंधन कोई बाहरी हलचल नहीं,
यह एक गहरी निस्संगता की ओर बढ़ने की प्रक्रिया है,
जब हम जानते हैं कि शरीर के भीतर एक विशाल आकाश है,
एक आंतरिक सूरज है,
जो हमारे सबसे अंधेरे कोनों में प्रकाश फैलाता है।

हम उसे महसूस करते हैं जब हम नाभि की ओर ध्यान लगाते हैं,
जब हम उसे अपने जीवन के प्रत्येक क्षण में अनुभव करते हैं।

उड्डियान बंध में,
हम अपना शरीर और मन एक साथ संरेखित करते हैं,
हम अपनी चेतना के उन रहस्यमयी द्वारों को खोलते हैं,
जहाँ से केवल हमारी गहरी इच्छाएँ और भय निकलते हैं।
हम जानते हैं कि आत्मशक्ति को पहचानने के लिए,
हमें स्वयं को एक नया रूप देना होता है,
हमें अपनी सीमाओं को पार करना होता है,
हमें अपने डर को चुनौती देनी होती है।

यह बंधन हमें सिखाता है कि
हम जितना अधिक भीतर जाते हैं,
उतना ही हमारी शक्ति जाग्रत होती जाती है।
यह न केवल शरीर की ऊँचाई तक पहुंचने का खेल नहीं,
बल्कि यह एक मानसिक और आत्मिक यात्रा है,
जो हमें अपने अस्तित्व के गहरे स्रोत से जोड़ती है।
यह हमारे भीतर एक अनजानी राह को खोलता है,
जिससे हम खुद को एक नए रूप में देख सकते हैं।

उड्डियान बंध का मतलब केवल शारीरिक अभ्यास नहीं,
यह हमारी आंतरिक शक्ति का उद्घाटन है।
हम अपने भीतर के अनंत आकाश में तैरते हैं,
हम अपने डर को उड़ाकर,
हम अपनी आत्मा की गहरी उड़ान भरते हैं।
यह हमसे कहता है कि
हमारे भीतर जो शक्ति छिपी है,
वह आसमान के समान है–
अनंत, व्यापक, और मुक्त।

जब हम इस बंधन को गहराई से अपनाते हैं,
हम समझते हैं कि हमारी शक्ति केवल शरीर तक सीमित नहीं है।

हमारा हर एक प्रयास,
हमारी हर एक श्वास,
हमारे आंतरिक सूरज को और अधिक तेज करता है,
जो अंधेरे से प्रकाश की ओर एक अदृश्य मार्ग प्रशस्त करता है।
हम जानते हैं कि जब हम अपने भीतर की शक्ति को पहचानते हैं,
तब ही हम इस सृष्टि के सच्चे उद्देश्य को जान पाते हैं।

उड्डियान बंध हमें यह सिखाता है कि
हम कोई साधारण प्राणी नहीं,
हम आकाश के समान विशाल और मुक्त हैं,
हम केवल एक कड़ी मेहनत से ऊपर उठने के लिए नहीं,
बल्कि हमें अपने भीतर के अनंत स्रोत से जुड़ने के लिए
स्वयं को जागृत करना होता है।

जालंधर बंध: मस्तिष्क का सामंजस्य

जब नथुने सांस से भर जाते हैं,
जब श्वास का हर कण
सिर के शिखर तक पहुंचता है,
तब हम जानते हैं–
यह वह क्षण है जब मस्तिष्क
अपने अस्तित्व के शिखर तक पहुंचता है।
यह जालंधर बंध है,
जहाँ शरीर की स्थिरता और मस्तिष्क की संतुलन
एक अदृश्य धागे से जुड़ते हैं।

हमारे गले की शांति
सिर्फ आंतरिक नहीं,
बल्कि बाहरी भी होती है।
यह वह बंधन है जो श्वास के साथ-साथ
हमारे भीतर के तनाव को छोड़ता है,
जो हमारी सोच को एक सीधाई देता है,
जो मन के उतार-चढ़ाव को थामता है।
हमारे हर विचार की गति धीमी हो जाती है,
हम जानते हैं कि विचारों की अंधी दौड़
जब तक नहीं रुकती,
तब तक मन की सच्चाई का सामना नहीं हो सकता।

जालंधर बंध में हम सीखते हैं
कैसे मस्तिष्क के बीचों-बीच
समझ की एक नई लहर जन्म लेती है।
यह केवल शारीरिक नियंत्रण नहीं,
यह मानसिक शांतिपूर्ण प्रवृत्ति है।
हम गहरी श्वासों में समाहित हो जाते हैं,
जैसे हर श्वास हमारे भीतर की उलझनों को
खत्म कर देता है।

मन, जो कभी अजेय था,
अब स्पष्ट और संतुलित होता है।

यह बंधन हमें सिखाता है कि
हम केवल सोचते नहीं,
हम जो सोचते हैं,
वह हमारी पूरी मानसिकता को आकार देता है।
यह वह क्षण होता है
जब हम महसूस करते हैं कि
हमारे विचारों का प्रवाह
हमें कहाँ ले जा सकता है।
यह वह काल होता है
जब मस्तिष्क के हर कक्ष में
संसार की हलचल से अलग,
एक सन्नाटा व्याप्त हो जाता है।

जालंधर बंध हमें यह बताता है
कि हमारी शक्तियाँ केवल शारीरिक नहीं,
हमारे मस्तिष्क का सामंजस्य ही
हमारे अस्तित्व को समझता है।
हमारे विचार, हमारे शब्द,
हमारी भावनाएँ,
यह सब एक जाल में बंधे होते हैं,
जो हमसे उसी ऊर्जा की ओर
गाइड करता है
जो ब्रह्मा की रचनाओं के मूल में है।

यह बंधन हमारे भीतर की दुरूहता को शांति में बदल देता है,
जब हम गहरी श्वासों के साथ
मन की उन गहराइयों में प्रवेश करते हैं
जो हमेशा से हमारी पहुँच से बाहर रही हैं।
हम जान जाते हैं कि
हमारी शक्ति केवल बाहरी दुनिया में नहीं,

हमारे भीतर भी प्रकट होती है,
जब हम मस्तिष्क को उसके स्थान पर रखते हैं,
जब हम उसे शांतिपूर्वक केन्द्रित करते हैं।

यह बंधन हमें सिखाता है कि
हमारे भीतर का असंतुलन
केवल हमारे विचारों से उपजा है।
जालंधर बंध के माध्यम से हम
अपने मस्तिष्क को उसके सही स्थान पर रखते हैं,
और एक नई दिशा पाते हैं।
हमारे विचार केवल हवा के झोंके की तरह
रोकने से स्थिर नहीं होते,
बल्कि जब हम उन्हें सही दिशा में भेजते हैं,
तब वे हमारी चेतना को नया रूप देते हैं।

जालंधर बंध का अर्थ सिर्फ़ शारीरिक तंत्र से जुड़ना नहीं,
यह तो उस अंतर्निहित शक्ति का परिचय है,
जो मन को शांत करने के लिए
हमें अपनी श्वास से जोड़ती है।
यह वह शक्ति है,
जो हर विचार को उस पवित्र शांति में रूपांतरित कर देती है
जो हमसे कहीं ज्यादा विशाल है।
यह बंधन हमें बताता है कि
हमारे मस्तिष्क में जितना अधिक सामंजस्य होगा,
उतना ही जीवन में शांति की ओर हम बढ़ेंगे।

योग के अन्य तत्व

1. चक्र साधना: सात रंगों का सफर चक्र साधना शरीर के सात प्रमुख चक्रों को जागृत और संतुलित करने की प्रक्रिया है। यह साधना ऊर्जा केंद्रों को सक्रिय कर शारीरिक, मानसिक और आध्यात्मिक संतुलन प्राप्त करने में सहायक होती है। प्रत्येक चक्र का संबंध एक विशिष्ट रंग और ऊर्जा से होता है, जो साधक को गहन आत्म-ज्ञान और चेतना की ओर ले जाता है।

2. ओम साधना: अनहद नाद की शक्ति ओम साधना ब्रह्मांडीय ध्वनि "ओम" के जप और ध्यान पर आधारित है। यह साधना अनहद नाद (अन्तर में गूंजने वाली दिव्य ध्वनि) की शक्ति को महसूस करने में मदद करती है। इसके माध्यम से मन को शांति, ध्यान में गहराई, और आत्मिक ऊर्जा का अनुभव होता है।

3. योग निद्रा: गहरी शांति का अनुभव योग निद्रा एक गहन विश्राम और ध्यान की प्रक्रिया है, जिसे "योगिक नींद" भी कहते हैं। इसमें शरीर और मन को पूर्ण रूप से विश्राम की स्थिति में ले जाया जाता है, जिससे तनाव कम होता है और आंतरिक शांति का अनुभव होता है। यह गहरी मानसिक और शारीरिक चिकित्सा में सहायक है।

4. शंख प्रक्षालन: आंतरिक स्वच्छता का रहस्य शंख प्रक्षालन एक प्राचीन योग प्रक्रिया है, जिसमें नमकयुक्त पानी का सेवन कर आंतरिक अंगों की सफाई की जाती है। यह शरीर से विषाक्त पदार्थों को निकालने, पाचन तंत्र को सुधारने और ऊर्जा स्तर को बढ़ाने में मदद करता है। इसे स्वस्थ आंतरिक स्वच्छता का रहस्य माना जाता है।

5. प्राण ऊर्जा: जीवन की गतिशीलता प्राण ऊर्जा जीवन की वह सूक्ष्म शक्ति है, जो श्वास-प्रश्वास के माध्यम से शरीर में संचालित होती है। यह ऊर्जा शारीरिक और मानसिक क्रियाओं को संचालित करती है। प्राणायाम और ध्यान के द्वारा प्राण ऊर्जा को नियंत्रित और संतुलित कर जीवन की गुणवत्ता में सुधार लाया जा सकता है।

चक्र साधनाः सात रंगों का सफर

शरीर का यह अदृश्य संसार,
जहां सात चक्रों की गूंज है।
हर चक्र, एक द्वार,
एक दिशा, एक यात्रा,
अंतरतम से अनंत तक।

मूलाधार, वह जड़
जो धरती का आलिंगन करती है,
लाल रंग की ऊर्जा में लिपटा,
जैसे अग्नि में छुपा जीवन का बीज।
यहां से उठती है यात्रा,
स्थिरता से गतिशीलता की ओर।

स्वाधिष्ठान, वह जलधारा,
जो रचती है सृजन और सौंदर्य।
संतरी रंग में बहती
भावनाओं की कोमल लहरें।
यहां जीवन का रस है,
जो हमें अनुभवों में भिगोता है।

मणिपुर, सूर्य का उदय।
पीले प्रकाश से दमकता,
अहम् की पहचान और आत्मबल का स्थान।
यहां शक्ति है,
जो इच्छाओं को कर्मों में बदलती है।

अनाहत, वह हरा विस्तार,
जहां प्रेम और करुणा का वास है।
हृदय के इस चक्र में
मिलती है सृष्टि से एकता।
यहां हर धड़कन,
एक संपूर्ण ब्रह्मांड का गीत गाती है।

विशुद्ध, वह नीला आकाश,
जहां शब्दों का जन्म होता है।
वाणी, सत्य, और अभिव्यक्ति का केंद्र।
यहां मौन में भी
शब्दों की शक्ति छुपी रहती है।

आज्ञा, तीसरी आँख का द्वार,
जहां अंधकार में चमकता है
ज्योति का नील आभास।
बुद्धि, अंतर्दृष्टि, और ज्ञान का संगम,
जो परे ले जाता है
स्थूल से सूक्ष्म तक।

सहस्रार, वह शिखर
जहां सब कुछ विलीन है।
सफेद प्रकाश की वह दिव्यता,
जो समय और स्थान से परे है।
यहां चेतना अमृत बनकर
बरसती है आत्मा पर।

सात चक्र, सात रंग,
जीवन के सात सुर।

हर रंग, एक ऊर्जा,
हर सुर, एक साधना।
यह यात्रा है भीतर की,
जहां हर कदम पर,
हम खोते हैं खुद को
और पा लेते हैं सृष्टि को।

यह सात रंगों का सफर,
नहीं सिर्फ चक्रों का संतुलन,
यह आत्मा की पुकार है,
जो चेतना को गहराई में उतारती है।
यह साधना, यह सफर,
हमें खुद से परे,
एक अखंड एकता में समेट लेती है

ओम साधना: अनहद नाद की शक्ति

ओम,
नहीं मात्र ध्वनि,
नहीं केवल उच्चारण,
यह ब्रह्मांड की पहली स्पंदन है।
एक कंपन,
जो सृष्टि की रचना के पहले भी थी,
और रचना के बाद भी रहेगी।

ओम,
तीन अक्षरों का संगम –
अ, उ, म,
जैसे जन्म, जीवन, और मृत्यु।
एक त्रिकाल,
भूत, भविष्य, और वर्तमान का सेतु।
यह ध्वनि है अनंत,
जो सीमाओं को भेदकर,
हर आत्मा को जोड़ती है।

जब ओम गूंजता है भीतर,
तो रुक जाती हैं सारी हलचलें।
मन स्थिर हो जाता है,
जैसे शांत जल में गिरती है
एक बूंद अमृत की।
यह ध्वनि,
जो बाहर नहीं,
भीतर सुनाई देती है।
यह अनहद नाद है,
जो हर सांस में बसा है।

ओम साधना,
एक मार्ग है मौन की ओर,

जहां कोई शब्द नहीं,
सिर्फ कंपन है।
यह कंपन,
हृदय की दीवारों से टकराकर
फैलता है हर कोशिका में।
जाग उठता है हर तंतु,
हर कोश,
और जीवन बन जाता है
एक ध्यानमय लय।

ओम साधना में,
शरीर मिट जाता है।
केवल श्वास और नाद का रहस्य रह जाता है।
यहां विचार शांत हो जाते हैं,
जैसे तूफान के बीच
एक नीरवता का द्वीप।
यहां समय रुक जाता है,
जैसे रेत घड़ी में गिरना भूल गई हो।

अनहद नाद,
जो अनंत यात्रा की शुरुआत है।
जहां आत्मा,
अपने मूल में लौट आती है।
यह ध्वनि,
जो जीवन के हर पहलू में गूंजती है।
प्रकृति की हर लय,
ओम के सुर में बंधी है।

ओम साधना,
केवल शब्दों का जाप नहीं।
यह समर्पण है,
उस शक्ति को जो दिखती नहीं,
पर हर जगह विद्यमान है।

यह अनुभव है,
उस मौन का,
जिसमें छुपा है सब कुछ।

साधक जब ओम के साथ
अपने मन को बांधता है,
तो बंद हो जाते हैं
दुनिया के सारे द्वार।
खुलता है एक नया द्वार,
जो उसे ले जाता है
उस प्रकाश की ओर,
जहां कोई छाया नहीं।

ओम की शक्ति,
न केवल नाद है,
यह आत्मा का आलिंगन है।
यह ब्रह्मांड की लय है,
जो हर पल हमें बुलाती है,
सुनने के लिए,
उस अनहद को,
जो सृष्टि का स्रोत है।

योग निद्रा: गहरी शांति का अनुभव

शांति की खोज में भटकता मन,
अशांत लहरों में डूबता,
सपनों के भार से थका हुआ।
और तभी,
योग निद्रा की कोमल पुकार सुनाई देती है।

यह निद्रा नहीं,
परंतु नींद के पार का अनुभव है।
यह जागृति नहीं,
परंतु चेतना के भीतर की यात्रा है।
यह वह सीमा है,
जहां नींद और जागरण एक हो जाते हैं।

योग निद्रा,
जहां शरीर शिथिल हो जाता है,
जैसे पतझड़ में पेड़ अपनी पत्तियाँ छोड़ देता है।
यह विश्राम है,
गहरी जड़ों तक,
जहां हर तनाव पिघल जाता है।

यह एक धीमा प्रवाह है,
सांसों का,
जो बिना किसी प्रयास के
जीवन का गीत गाता है।
हर सांस के साथ,
हम डूबते हैं भीतर,
उस गहराई में,
जहां शांति का महासागर है।

मन,
जो अनगिनत विचारों का जाल बुनता है,

इस साधना में
अपनी गूँज को खो देता है।
कोई शब्द नहीं,
कोई विचार नहीं।
सिर्फ मौन,
सिर्फ शांति।

योग निद्रा का हर चरण,
जैसे एक द्वार खोलता है।
शरीर से मन तक,
मन से आत्मा तक।
और आत्मा से उस शून्यता तक,
जहां सब कुछ विलीन है।

यह यात्रा है,
जहां हम बंधनों से मुक्त हो जाते हैं।
यह विश्राम है,
जहां दिन का बोझ उतर जाता है।
यह ध्यान है,
जहां हर भावना बह जाती है,
जैसे नदी का पानी समुद्र में।

योग निद्रा में,
हम संवाद करते हैं अपने भीतर से।
हम सुनते हैं
अपनी आत्मा की गूंज,
जो अक्सर दिन की हलचल में खो जाती है।
हम छूते हैं
अपने अस्तित्व के उस हिस्से को,
जो शांत है,
सदैव शांत।

यह गहरी शांति,

केवल अभ्यास से नहीं मिलती,
यह समर्पण से आती है।
यह स्वीकार्यता है,
कि कुछ भी करने की आवश्यकता नहीं।
सिर्फ होने की,
बस इस पल में रहने की।

योग निद्रा,
जीवन के कोलाहल में
एक स्थायी मौन है।
यह वह विश्राम है,
जो मन और शरीर को
पुनर्जीवित कर देता है।

जब साधक उठता है,
योग निद्रा के बाद,
तो वह वही नहीं रहता।
वह हल्का होता है,
जैसे भारहीन,
जैसे बादलों की तरह मुक्त।

योग निद्रा,
न केवल गहरी शांति का अनुभव है,
यह आत्मा के साथ
एक सजीव संवाद है।
यह भीतर की यात्रा है,
जो हर बार,
नए रहस्यों को उजागर करती है।

शंख प्रक्षालनः आंतरिक स्वच्छता का रहस्य

शरीर,
केवल हड्डियों, मांस और रक्त का ढांचा नहीं,
यह आत्मा का मंदिर है।
और मंदिर स्वच्छ हो,
यह पहला नियम है।
शंख प्रक्षालन,
इस स्वच्छता का गुप्त विज्ञान है।

जैसे समुद्र का जल
बार-बार धोता है अपने किनारों को,
वैसे ही शंख प्रक्षालन
शरीर के भीतर के मार्गों को धोता है,
साफ करता है,
उस हर कण को,
जो हमारे भीतर ठहराव बनाता है।

जल,
जीवन का मूल,
इस साधना का आधार है।
नमक के स्वाद से भरा,
यह जल बनता है वह पथिक,
जो भीतर की अशुद्धियों को
बाहर का रास्ता दिखाता है।

यह साधना है,
जो स्थूल से सूक्ष्म तक जाती है।
शरीर के हर कोने में छुपा

विष बाहर निकलता है।
आंतों की गहराई तक
जब जल अपनी यात्रा पूरी करता है,
तो भीतर एक नई शुरुआत होती है।

यह केवल प्रक्रिया नहीं,
यह संवाद है
शरीर और मन के बीच।
हर बार,
जब जल भीतर प्रवेश करता है,
तो वह सिखाता है
त्याग का महत्व।
हर बार,
जब अशुद्धियाँ बाहर निकलती हैं,
तो यह याद दिलाता है
मुक्ति का आनंद।

शंख,
जो प्रतीक है,
शक्ति और स्वच्छता का।
शंख प्रक्षालन,
उस शक्ति को जाग्रत करता है,
जो शरीर में सोई रहती है।
यह स्वच्छता केवल शारीरिक नहीं,
यह मन की परतों तक जाती है।

इस साधना में,
हर कृत्य,

एक ध्यान बन जाता है।
हर घूंट,
एक मंत्र बन जाता है।
यह वह कला है,
जो भीतर की जड़ता को पिघला देती है।

शंख प्रक्षालन,
जहां जल बहता है,
जैसे जीवन का प्रवाह।
यह सिखाता है,
कि ठहराव विष है,
और प्रवाह ही जीवन है।

आंतरिक स्वच्छता,
न केवल स्वास्थ्य का रहस्य है,
यह चेतना का द्वार भी है।
शरीर जब हल्का होता है,
मन जब स्पष्ट होता है,
तो आत्मा के गीत सुनाई देते हैं।

शंख प्रक्षालन,
केवल एक विधि नहीं,
यह साधना है,
जीवन को नई दृष्टि से देखने की।
यह संदेश है,
कि भीतर और बाहर,
दोनों एक ही हैं।
जैसे शंख की ध्वनि

हर दिशा में गूंजती है,
वैसे ही स्वच्छता की शक्ति
हर पहलू में फैलती है।

यह रहस्य,
जिसे शब्दों में बांधा नहीं जा सकता।
यह अनुभव है,
जो केवल महसूस किया जा सकता है।
शंख प्रक्षालन,
एक मार्ग है भीतर के प्रकाश तक।
यह हमें तैयार करता है
एक नई यात्रा के लिए,
जहां शरीर, मन, और आत्मा
सामंजस्य में हो जाते हैं।

प्राण ऊर्जा: जीवन की गतिशीलता

प्राण,
केवल सांस नहीं,
यह जीवन का मूल है।
यह वह अदृश्य शक्ति है,
जो हृदय की धड़कन को
और हर कोशिका की गति को
संजीवनी देती है।

जब पहली बार श्वास भीतर जाती है,
तो जीवन जागता है।
और जब अंतिम बार यह छोड़ दी जाती है,
तो सब कुछ शांत हो जाता है।
यह प्राण है,
जो जीवन और मृत्यु के बीच का सेतु है।

सांस,
नहीं केवल हवा का प्रवाह,
यह प्राण की भाषा है।
हर श्वास,
एक संदेश है,
जो भीतर के सागर से उठता है।
यह संदेश कहता है,
कि जीवन ठहरा नहीं,
यह सतत प्रवाहित है।

प्राण ऊर्जा,
जो हर गति का कारण है।
हवा की सरसराहट,
पत्तों की थिरकन,
नदियों का बहाव,
और हृदय का स्पंदन –

सब इसमें बंधे हैं।

जब प्राण नियंत्रित होता है,
तो जीवन भी नियंत्रित हो जाता है।
प्राणायाम,
सिर्फ सांसों का खेल नहीं,
यह प्राण ऊर्जा को साधने की कला है।
यह साधना है
उस गतिशीलता को पहचानने की,
जो हर क्षण हमें संचालित करती है।

यह प्राण ही है,
जो स्थूल को सूक्ष्म से जोड़ता है।
जब हम इसे महसूस करते हैं,
तो हर श्वास में एक ब्रह्मांड दिखता है।
हर सांस,
सृजन और संहार का नृत्य करती है।

शरीर,
जो स्थिर लगता है,
अंदर से एक चक्र है,
जो प्राण ऊर्जा के प्रवाह से चलता है।
यह ऊर्जा,
जो रक्त की हर बूँद को
जीवन देती है।
यह ऊर्जा,
जो विचारों को गति देती है,
भावनाओं को आकार देती है।

प्राण,
हर क्षण नया है।
यह सिखाता है
कि परिवर्तन ही स्थायी है।

जैसे हर श्वास नई होती है,
वैसे ही जीवन हर पल नया है।

यह ऊर्जा,
जो प्रकृति के हर अणु में है।
सूरज की किरणों में,
चंद्रमा की शीतलता में,
हवा की महक में,
और जल की शीतलता में।
यह प्राण ही है,
जो हर जीव को जोड़ता है,
एक अखंडता में।

प्राण ऊर्जा,
केवल शरीर का ईंधन नहीं,
यह आत्मा का प्रकाश भी है।
यह वह दीपक है,
जो अज्ञान के अंधकार को मिटाता है।
यह चेतना का वह स्रोत है,
जो हमें हमारे भीतर की यात्रा पर ले जाता है।

जब प्राण सधा हो,
तो मन शांत होता है।
और जब मन शांत हो,
तो आत्मा का संगीत सुनाई देता है।
यह संगीत,
जो जीवन की लय है।

प्राण ऊर्जा,
जीवन की गतिशीलता का प्रतीक है।
यह हमें सिखाती है
कि स्थिरता में भी गति है।
यह याद दिलाती है

कि जीवन का हर पल,
हर श्वास,
एक उपहार है।

साधक,
जो प्राण ऊर्जा को समझ लेता है,
वह जीवन के हर क्षण में
आनंद पाता है।
यह ऊर्जा,
जो न केवल हमें जीवित रखती है,
बल्कि हमें जीवंत बनाती है।

योग और आयुर्वेद का संगम

1. योग और आयुर्वेद का आलिंगन: योग और आयुर्वेद भारतीय परंपरा के दो स्तंभ हैं, जो शारीरिक, मानसिक और आध्यात्मिक स्वास्थ्य को बढ़ावा देते हैं। आयुर्वेद शरीर की प्रकृति (प्रकृति) और असंतुलन (विकृति) को संतुलित करने का विज्ञान है, जबकि योग शरीर, मन और आत्मा को जोड़ने का अभ्यास है। इन दोनों का समन्वय संपूर्ण स्वास्थ्य और जीवन की गुणवत्ता में सुधार करता है।

2. योग और पंचमहाभूत: पंचमहाभूत (पृथ्वी, जल, अग्नि, वायु, आकाश) आयुर्वेद और योग के मूलभूत सिद्धांत हैं। योगासन, प्राणायाम और ध्यान के माध्यम से इन तत्वों का संतुलन शरीर और मन में सामंजस्य स्थापित करता है। इन तत्वों के असंतुलन से बीमारियां उत्पन्न होती हैं, जिन्हें योग के माध्यम से नियंत्रित किया जा सकता है।

3. त्रिदोष और योग का संबंध: त्रिदोष (वात, पित्त, कफ) आयुर्वेद का आधारभूत सिद्धांत है। योगासन और प्राणायाम त्रिदोषों के संतुलन को बनाए रखने में सहायक होते हैं। उदाहरण के लिए, वात को शांत करने के लिए धीमे और स्थिर आसन, पित्त को नियंत्रित करने के लिए शीतल प्राणायाम, और कफ को कम करने के लिए ऊर्जावान आसनों का अभ्यास किया जाता है।

4. हर्बल साधना की यात्रा: हर्बल साधना आयुर्वेद में औषधीय पौधों के उपयोग का एक गहन अध्ययन है। योग और हर्बल चिकित्सा का समन्वय शरीर को डिटॉक्स करने, ऊर्जा बढ़ाने और रोगों से बचाव में सहायक होता है। यह यात्रा प्राकृतिक जड़ी-बूटियों के ज्ञान और उनके उपयोग की एक गहन प्रक्रिया है।

5. योग और सात्विक आहार: योग का सात्विक आहार सिद्धांत भोजन को ऊर्जा और चेतना का स्रोत मानता है। सात्विक आहार (ताजे, हल्के और प्राकृतिक खाद्य पदार्थ) मन को शांत, शरीर को स्वस्थ और आत्मा को ऊर्जावान बनाए रखते हैं। योग अभ्यास के साथ सात्विक आहार का पालन शारीरिक और मानसिक स्वास्थ्य में सुधार करता है।

योग और आयुर्वेद का संगम
(आयुर्वेद का आलिंगन)

योग, एक लय,
श्वासों का संगीत,
आत्मा का नर्तन,
और आयुर्वेद,
पंचमहाभूतों की गाथा,
जीवन का शास्त्र,
दोनों मिलते हैं,
जैसे नदी समंदर से,
जैसे सृष्टि अपने केंद्र से।

यह संगम,
केवल शरीर का नहीं,
यह है भीतर का उत्सव,
जहाँ प्रकृति,
अपने सभी रूपों में प्रकट होती है।

योग कहता है,
चलो भीतर की यात्रा पर,
जहाँ हर आसन
धरती का आलंबन बनता है,
हर प्राणायाम
हवा का स्पर्श करता है,
हर ध्यान
आकाश की गहराई से जुड़ता है।

आयुर्वेद बताता है,

त्रिदोषों का रहस्य,
वात, पित्त और कफ का नर्तन,
जैसे प्रकृति के
तीन गुणों का खेल,
जैसे ऋतुओं का चक्र।

जब योग की लय
आयुर्वेद के ज्ञान से मिलती है,
तो जीवन का नृत्य
एक नया आयाम पाता है।
वह नृत्य जो
रोगों की जंजीरें तोड़ता है,
तन और मन के भीतर
शांति की लहरें बहाता है।

यहाँ आसनों में है चिकित्सा,
शरीर के कष्टों का समाधान,
यहाँ औषधियों में है
मूल तत्वों का स्पर्श,
जड़ी-बूटियों के आशीर्वाद का गीत।

यह संगम सिखाता है–
स्वयं को पहचानो,
अपने भीतर के संसार को देखो,
जहाँ योग का आलिंगन
आयुर्वेद के आशीर्वाद से मिलता है।
जहाँ शारीरिक स्वास्थ्य
मानसिक शांति से जुड़ता है,

और आत्मा,
अपनी दिव्यता को पहचानती है।

यह संगम है जीवन का,
जो हर श्वास में बसा है,
जो हर धड़कन में गूंजता है,
और हर आत्मा को
अपने स्रोत से जोड़ता है।
यह योग और आयुर्वेद का संगम है,
एक ऐसा आलिंगन,
जहाँ जीवन के सभी उत्तर छिपे हैं।

योग और पंचमहाभूत

पृथ्वी, जल, अग्नि, वायु, आकाश–
पांच तत्व,
जिनसे बना है यह संसार,
जिनसे बंधा है यह शरीर।
और योग,
इन तत्वों का अदृश्य धागा,
जो जोड़ता है इन्हें
एक सजीव रचना में।

पृथ्वी,
जिस पर हम खड़े हैं,
आसनों की जड़ है यह,
वृक्षासन की स्थिरता,
ताड़ासन की ऊँचाई,
यह हमें सिखाती है
जड़ों से जुड़े रहना,
संतुलन में जीना।

जल,
प्रवाह का प्रतीक,
शरीर की लय में बहता है,
त्रिकोणासन में खिंचता,
शवासन में ठहरता।
जल सिखाता है–
हर परिस्थिति में ढलना,
हर बाधा को पार करना।

अग्नि,
ऊर्जा का केंद्र,
प्राणायाम की हर लय में जागती है।
कपालभाति की गरिमा,

भस्तिका की गति,
यह अग्नि है
जो भीतर के विष को जलाती है,
और नई शक्ति प्रदान करती है।

वायु,
हर श्वास में उपस्थित,
जीवन का आधार।
अनुलोम-विलोम की धारा,
नाड़ी-शोधन की शुद्धता,
यह हमें सिखाती है
स्वतंत्रता, गति, और समरसता।

आकाश,
जो सबमें समाहित है,
ध्यान की गहराई,
जहाँ विचारों का विस्तार होता है,
जहाँ आत्मा का मिलन होता है।
आकाश सिखाता है–
हर सीमा से परे देखना,
हर बंधन से मुक्त होना।

योग और पंचमहाभूत,
दोनों एक ही सूत्र में बंधे हैं।
हर आसन में प्रकृति का स्पर्श,
हर प्राणायाम में तत्वों का नृत्य।
यह संगम है शरीर और ब्रह्मांड का,
जहाँ योग,
तत्वों को जागृत करता है,
संतुलन का विज्ञान रचता है।

पृथ्वी हमें स्थिरता देती है,
जल हमें प्रवाह देता है,

अग्नि हमें ऊर्जा देती है,
वायु हमें जीवन देती है,
आकाश हमें विस्तार देता है।
और योग,
इन सबका संगम है,
एक पूर्णता का अनुभव।

योग सिखाता है–
तत्वों का सम्मान,
शरीर का पोषण,
मन का संतुलन,
और आत्मा का आलिंगन।
पंचमहाभूतों के माध्यम से,
योग हमें जोड़ता है
सृष्टि की अनंत गहराइयों से।

त्रिदोष और योग का संबंध

वात, पित्त, कफ–
जीवन की धुरी,
शरीर का संतुलन,
और प्रकृति का प्रतिबिंब।
त्रिदोष,
जो आयुर्वेद की आत्मा है,
शरीर के हर कोने में बहता है,
मन के हर विचार में झलकता है।

वात,
हवा की तरह चंचल,
हर गति का कारण,
हर हलचल का आधार।
वात जब स्थिर होता है,
जीवन रचनात्मक बनता है।
पर जब यह असंतुलित हो,
तब अशांति,
तनाव और बेचैनी का घर बनता है।
योग इसे थामता है,
वृक्षासन की स्थिरता में,
सुखासन की शांति में।
धीमे, स्थिर आसन
वात को सिखाते हैं ठहराव।

पित्त,
अग्नि का प्रतीक,
ऊर्जा का स्रोत,
पाचन का मूल।
पित्त जब संयमित हो,
तो दृष्टि स्पष्ट होती है,

और निर्णय सटीक।
पर जब यह भड़क उठे,
तो गुस्सा,
चिड़चिड़ापन और जलन का तूफान बनता है।
योग इसे शांत करता है,
शीतली और शीतकारी के स्पर्श से,
चंद्र नमस्कार की ठंडक से।
यह सिखाता है,
अग्नि को संभालना,
शक्ति को दिशा देना।

कफ,
पृथ्वी और जल का मेल,
शरीर की स्थिरता,
मन की स्थायी गहराई।
कफ जब संतुलित हो,
तो मन में शांति,
शरीर में स्थिरता।
पर जब यह भारी हो जाए,
तो आलस्य,
असंतोष और जड़ता का बोझ बढ़ता है।
योग इसे हिलाता है,
सूर्य नमस्कार की गर्मी से,
तेज गति वाले आसनों से।
यह सिखाता है,
चेतना को जागृत करना,
जीवन को गतिशील बनाना।

त्रिदोष और योग,
जैसे जीवन के दो पहिये।
त्रिदोष बताते हैं
शरीर का हाल,

और योग देता है
हर हाल का उपाय।
वात को स्थिर करता है,
पित्त को शांत करता है,
कफ को जागृत करता है।

योग और त्रिदोष का यह संबंध,
जीवन का संतुलन है।
हर श्वास में,
हर आसन में,
हर ध्यान की गहराई में।
यह हमें सिखाता है,
स्वयं को जानना,
अपने भीतर की हलचल को पहचानना।

त्रिदोष है हमारी प्रकृति,
योग है हमारी साधना।
जब दोनों मिलते हैं,
तब जीवन पूर्ण होता है,
स्वास्थ्य एक गीत बनता है,
और आत्मा अपने स्रोत से जुड़ती है।
यह योग और आयुर्वेद का संगम है,
त्रिदोष और योग का अनूठा रिश्ता।

हर्बल साधना की यात्रा

प्राकृतिक वनस्पतियाँ,
जो धरती की गोदी में उगती हैं,
जिनकी जड़ों में जीवन का रहस्य समाया है,
हर्बल साधना की यात्रा शुरू होती है,
हर पत्ते, हर बीज, हर फूल
अपनी कहानी सुनाता है,
जैसे आयुर्वेद की पुरानी पुस्तक में
हर एक सूत्र लिखा है,
जो शरीर, मन, और आत्मा को जोड़ता है।

यह यात्रा,
कोई रेखा नहीं,
कोई दिशा नहीं,
बस एक अनुभव है,
जो हर सांस के साथ पंख फैलाता है।
साधक, जो अपने भीतर की शांति की खोज में है,
वह हर्बल उपचारों को
आत्मसात करता है।

अजवाइन की गर्माहट,
नीम की ताजगी,
तुलसी की पवित्रता–
हर जड़ी-बूटी,
शरीर में जलती हुई एक आंतरिक आग की तरह
अपने गुणों से शरीर को पोषित करती है।
हर औषधि,
प्राकृतिक संतुलन की प्रतीक,
हर तत्व को संयम में लाती है।

जब हम सूक्ष्म रूप से इनका उपयोग करते हैं,
तब न केवल शारीरिक,

बल्कि मानसिक,
आध्यात्मिक भी पुनर्निर्माण होता है।
हर्बल साधना की यात्रा
हमारे भीतर के मापदंडों को समझने की प्रक्रिया है,
जिसमें शरीर, मन, और आत्मा
एक दूसरे से संवाद करते हैं,
जैसे फूलों से खुशबू का संवाद,
जैसे पेड़ से आकाश का संबंध।

नीम की छाल,
अमलतास की पत्तियाँ,
शहद, गुड़, और हल्दी–
ये सभी तत्व,
आयुर्वेद के मंत्रों की तरह,
हमारे जीवन में समाहित होते हैं,
ताकि शरीर को शक्ति मिले,
मन को शांति मिले,
आत्मा को मुक्ति मिले।

हर्बल साधना,
शरीर को फिर से ऊर्जा देने का एक तरीका है,
यह न केवल शरीर का उपचार करती है,
बल्कि यह एक आंतरिक जागृति भी लाती है,
जो हमें प्रकृति के प्रति संवेदनशील बनाती है।
हम जीवन के साधक बनते हैं,
जहाँ जड़ी-बूटियाँ
हमें हमारे भीतर की पूरीता की ओर मार्गदर्शन करती हैं।

यह यात्रा,
कोई अंतिम सीमा नहीं जानती,
हर दिन, हर कदम में,
हम एक नई समझ हासिल करते हैं,

जैसे जमीन से उगता हुआ पौधा,
जिसकी शाखाएँ असीम आकाश की ओर बढ़ती हैं।
यह एक अनंत प्रक्रिया है,
जो हमें अपनी जड़ों से जोड़ती है,
और हमारी आत्मा को
प्राकृतिक शुद्धता की ओर ले जाती है।

हर्बल साधना की यह यात्रा,
आयुर्वेद की सच्चाई का बोध है,
जहाँ शरीर, मन, और आत्मा
प्राकृतिक तत्वों के साथ मिलकर
एक संपूर्ण, संतुलित जीवन जीते हैं।

योग और सात्विक आहार

आहार–
यह सिर्फ भोजन नहीं,
यह जीवन की ऊर्जा है,
जो हमारी शारीरिक, मानसिक और आत्मिक स्थिति को आकार
देती है।
सात्विक आहार,
एक शुद्ध मार्ग है,
जो शरीर को हलका बनाता है,
मन को शांत करता है,
आत्मा को विस्तृत करता है।

जब हम शुद्ध आहार का चयन करते हैं,
तो यह हमारे अंदर की असल शक्ति को जागृत करता है,
जैसे जीवन के हर कण में
अदृश्य धारा बहती है,
जो हमें भीतर से जुड़ा हुआ महसूस कराती है।
गौर से देखा जाए तो,
हम जो खाते हैं,
वह हमारे विचारों में भी रूप बदलता है,
और हमारे कर्मों में भी।

सात्विक आहार,
फल, सब्ज़ियाँ, अनाज–
जो सहज, प्राकृतिक और ताजे होते हैं,
ये हमारी आंतरिक स्वच्छता को पोषित करते हैं।
यह भोजन केवल शारीरिक तृप्ति नहीं,
बल्कि मानसिक शांति का स्रोत बनता है।
यह वही आहार है,
जो मानसिक विकारों को शांत करता है,
जो ऊर्जा को केंद्रित करता है,

जो आत्मा को ब्रह्म के साथ एक करता है।

गहरी श्वासों में,
हर आसन के साथ,
सात्विक आहार का प्रभाव हमारे भीतर समाता है।
योग हमें शारीरिक स्वस्थता का मार्ग दिखाता है,
लेकिन सात्विक आहार
हमारे विचारों को शुद्ध करता है,
मन को उन्नत करता है,
हमारी आत्मा को शांति और आनंद से भरता है।

सात्विक आहार,
हमें न केवल शरीर का पोषण देता है,
बल्कि यह हमारे कार्यों को भी उच्चतम बनाता है,
यह हमें संतुलन सिखाता है,
यह हमें हर क्षण में सचेत करता है,
कि हम किस दिशा में बढ़ रहे हैं।

हम जो खाते हैं,
वह हम बन जाते हैं।
जब हम शुद्ध, सात्विक आहार ग्रहण करते हैं,
तो हम शुद्धता के एक नए स्तर तक पहुँचते हैं,
हमारे विचार, हमारी भावनाएँ,
हमारी पूरी जीवन शैली
वह रूप धारण करती है
जो हमारे आहार से प्रभावित होती है।

योग और सात्विक आहार का संगम,
एक संतुलन है–
शरीर के भीतर और बाहर।
यह हमें बताता है कि
शरीर में जितना शुद्ध और हलका आहार होगा,
उतना ही हमारा मन सहज और शांत होगा।

जब हम भोजन को साधना के रूप में अपनाते हैं,
तब हम शारीरिक और मानसिक शुद्धता की ओर बढ़ते हैं,
और यह साधना
हमें वास्तविक ध्यान की ओर अग्रसर करती है,
जहाँ हमारा मन और शरीर
बिना किसी रुकावट के एक हो जाते हैं।

यह यात्रा,
न केवल आहार के बारे में है,
बल्कि यह एक गहरी समझ है,
कि हमारी हर पसंद–
हमारा हर निर्णय,
हमारे जीवन को आकार देता है।
सात्विक आहार,
एक कड़ी है,
जो हमारे भीतर के ब्रह्म को महसूस करने का मार्ग खोलती है।

आधुनिक युग में योग का प्रभाव

1. शहरी जीवन में योग: शहरी जीवन में तनाव, व्यस्तता और अनियमित जीवनशैली के बीच योग मानसिक शांति और शारीरिक स्वास्थ्य का संतुलन बनाए रखने में सहायक है। यह शहरी प्रदूषण और भागदौड़ के प्रभाव को कम करता है।

2. बचपन में योग: बचपन में योग बच्चों की मानसिक और शारीरिक वृद्धि में महत्वपूर्ण भूमिका निभाता है। यह एकाग्रता, लचीलापन और आत्मविश्वास को बढ़ाने के साथ-साथ भावनात्मक संतुलन बनाए रखने में सहायक है।

3. स्त्री स्वास्थ्य और योग: स्त्रियों के लिए योग हार्मोनल संतुलन, मासिक धर्म संबंधी समस्याओं और गर्भावस्था के दौरान स्वास्थ्य बनाए रखने में मदद करता है। यह मानसिक शांति और ऊर्जा को बढ़ाने का प्रभावी माध्यम है।

4. मनोविज्ञान और योग: योग मानसिक स्वास्थ्य को सुधारने में अत्यधिक प्रभावी है। यह तनाव, चिंता और अवसाद को कम करता है तथा आत्म-जागरूकता और सकारात्मक दृष्टिकोण विकसित करता है।

5. कर्मक्षेत्र में योग: कार्यस्थल पर योग उत्पादकता बढ़ाने और तनाव को कम करने में सहायक है। यह कर्मचारियों की ऊर्जा और ध्यान केंद्रित करने की क्षमता को बढ़ाता है।

6. स्वास्थ्य का सूत्र: योग को स्वास्थ्य का मूलभूत सूत्र कहा जा सकता है। यह शरीर, मन और आत्मा के बीच संतुलन स्थापित करता है और समग्र स्वास्थ्य को प्रोत्साहित करता है।

7. योग और प्रकृति संतुलन: योग हमें प्रकृति के साथ जुड़ने और संतुलन बनाए रखने का तरीका सिखाता है। यह प्रकृति के प्रति सम्मान और उसकी देखभाल के प्रति जागरूकता बढ़ाता है।

8. डिजिटल युग में योग: डिजिटल युग में बढ़ती स्क्रीन टाइम और शारीरिक निष्क्रियता के बीच योग तनाव कम करने, आंखों की थकान मिटाने और स्वास्थ्य को बनाए रखने में सहायक है।

9. ऑफिस में योग: ऑफिस में योग छोटी-छोटी एक्सरसाइज और प्राणायाम के माध्यम से तनाव को कम करता है। यह कुर्सी पर बैठकर लंबे समय तक काम करने से होने वाली समस्याओं को भी दूर करता है।

10. यात्रा में योग: यात्रा के दौरान योग थकान, जेट लैग और शारीरिक असहजता को कम करने में मदद करता है। यह यात्रा को अधिक आरामदायक और आनंददायक बनाता है।

शहरी जीवन में योग

आकाश अब धुंध में खो गया है,
सूरज की किरणें,
सीमेंट के जंगलों में उलझकर,
अपने ताप को भूल चुकी हैं।
सड़कों की भीड़,
हॉर्न का शोर,
धड़कनों को एक अनजाने तनाव में ढाल रहा है।
यहां हर व्यक्ति दौड़ रहा है,
पर मंज़िल का पता किसी को नहीं।

इन्हीं उलझनों के बीच,
योग एक मौन पुकार है,
स्वयं को पाने की यात्रा,
जिसे हमने भुला दिया है।

मौन साधना के क्षण,
जब श्वास भीतर बहती है,
जैसे जीवन का संगीत,
एक खोई हुई धुन को खोज लेता है।
भुजंगासन में तन कर,
धरती की ठोसता को महसूस करते,
हम अपनी जड़ों को पहचानते हैं।
वृक्षासन में खड़े होकर,
शहरी अशांत हवा में भी,
संतुलन खोजते हैं।

यहां, श्वास का हर आवागमन,
जैसे जीवन की नई परिभाषा बनता है।
प्राणायाम की लय,
कारखानों की धूल को छांटती है,
और मन के कोनों में जमी धुंध को हटा देती है।

आंखें बंद,
शहर की चकाचौंध से परे,
ध्यान हमें भीतर की रोशनी से जोड़ देता है।

योग, शहरी जीवन की भूलभुलैया में,
एक सीधी राह है,
जहां भीड़ के बीच भी,
हम स्वयं को अकेला और पूर्ण पाते हैं।
यह तनाव से परे,
सुकून की एक ऐसी दुनिया है,
जो न शोर में है, न सन्नाटे में,
बस हमारे भीतर,
एक स्थिर केंद्र में है।

शहरी जीवन का तनाव,
आधुनिकता की बेमोल कीमत है।
पर योग,
हमें बताता है कि विकास और संतुलन,
साथ-साथ चल सकते हैं।
यह शांति की एक वह लहर है,
जो ऊंची इमारतों के बीच भी,
हृदय को तरंगित कर जाती है।

आओ, इस शोर-शराबे में,
योग को अपना लें,
क्योंकि शहर जितना तेज दौड़ेगा,
हमें उतना ही भीतर ठहरना होगा।

बचपन में योग

हर सुबह की पहली किरण,
जो खिलखिलाती है बच्चों की हंसी में,
उनकी ऊर्जा, उनकी मासूमियत,
एक अनगढ़ मिट्टी की तरह,
जो आकार लेना चाहती है।

बचपन, जहां मन हवा में तैरता है,
जहां शरीर नदी सा लचीलापन लिए बहता है।
पर क्या यह उछलता-कूदता समय,
सिर्फ खेलों में बंधकर रह जाए?
क्या भीतर की ताकत को,
सिर्फ बाहरी शोर में खोने दिया जाए?

योग, बचपन का वह बीज है,
जो मन और तन को साथ लेकर चलता है।
ताड़ासन में जब छोटे कदम खड़े होते हैं,
तो वह सिर्फ शरीर का खिंचाव नहीं,
बल्कि जीवन की ऊंचाई को छूने की चाह है।
बालासन में,
वे धरती से जुड़ते हैं,
अपनी जड़ों को महसूस करते हैं।

बचपन का ध्यान,
कोरी किताब पर पहली लकीर जैसा है।
जब आंखें बंद होती हैं,
तो वे सपनों की दुनिया में नहीं,
बल्कि अपनी गहराई में उतरते हैं।

उनका मन,
एक शांत सरोवर की तरह,
जहां हर लहर एक नई खोज बन जाती है।

प्राणायाम,
उनकी छोटी-छोटी सांसों को,
बड़ा अर्थ देता है।
वह हवा,
जो केवल फेफड़ों को नहीं,
बल्कि उनकी जिज्ञासा को भर देती है।
अनुलोम-विलोम,
जैसे रात और दिन का खेल,
सिखाता है संतुलन,
जो जीवन के हर पहलू में जरूरी है।

बचपन में योग,
सिर्फ आसनों का अभ्यास नहीं,
यह आत्मा की पहली यात्रा है।
यह सिखाता है उन्हें,
कि शरीर केवल एक साधन है,
मन केवल एक साथी,
और भीतर की ऊर्जा,
उनका असली शिक्षक।

जब बच्चे योग करते हैं,
तो वे केवल अपना शरीर नहीं साधते,
बल्कि अपने भीतर की मासूमियत को,
जीवन भर के लिए संरक्षित करते हैं।

वे तनाव की परिभाषा को नहीं जानते,
क्योंकि योग उनके जीवन में,
शुरू से ही शांति का पुल बनाता है।

आओ, इस बचपन को,
खेल और शिक्षा के साथ-साथ,
योग का वरदान दें।
क्योंकि यही वह नींव है,
जो आने वाले जीवन को,
सुदृढ़ और उज्ज्वल बनाएगी।

स्त्री स्वास्थ्य और योग

स्त्री,
जो सृष्टि का आधार है,
एक वृक्ष की तरह,
जिसकी जड़ें गहरी हैं,
जो हर आंधी को सहकर भी
जीवन देती है।

उसके भीतर का संसार,
उसके बाहर की जिम्मेदारियां,
कभी उसकी शक्ति बनती हैं,
तो कभी उसका बोझ।
जीवन के हर मोड़ पर,
उसके तन और मन को चाहिए
संतुलन,
एक गहरी सांस,
जो उसकी थकान को हर ले।

योग,
उसकी शक्ति का वह साथी है,
जो हर परिस्थिति में,
उसे थामे रहता है।
सुप्त बद्धकोणासन में,
जब वह बैठती है,
तो महसूस करती है,
जैसे उसकी आत्मा,
उसके शरीर से संवाद कर रही हो।

वृक्षासन में,
वह अपनी जड़ों को महसूस करती है,
अपने संतुलन को पकड़ती है,
और हर चुनौती को मुस्कान से देखती है।

भुजंगासन,
उसकी रीढ़ को सीधा करता है,
जैसे कोई थकी हुई नदी
फिर से अपनी राह पर चल पड़ी हो।

प्राणायाम,
उसकी सांसों को वह लय देता है,
जो भीतर की बेचैनी को शांत कर देती है।
अनुलोम-विलोम के साथ,
उसके विचार,
शांत हवा की तरह बहने लगते हैं।
कपालभाति,
उसके भीतर की ऊर्जा को जाग्रत करता है,
जैसे सूर्य की पहली किरण
अंधकार को हटा देती है।

मासिक धर्म की पीड़ा,
उसके कंधों पर बोझ बनकर आती है,
पर योग उसे सिखाता है,
कि यह केवल एक चक्र है,
जो जीवन का हिस्सा है।
सुप्त वीरासन और सेतुबंधासन,
उसके दर्द को,
एक गहरी राहत में बदल देते हैं।

गर्भावस्था में,
जब उसका शरीर,
एक नए जीवन का आधार बनता है,
योग उसे सहारा देता है।
प्रसव की कठिनाई को,
धैर्य और साहस में बदलने का तरीका सिखाता है।
शवासन में,

वह स्वयं को संपूर्ण महसूस करती है,
एक ऐसी स्त्री,
जो सृष्टि के चक्र को आगे बढ़ाती है।

योग,
स्त्री का वह आभूषण है,
जो न दिखता है, न झनझनाता है,
पर उसकी आत्मा को सजाता है।
यह उसे सिखाता है
कि जीवन के हर उतार-चढ़ाव में,
उसकी सबसे बड़ी शक्ति,
उसका स्वयं पर विश्वास है।

आओ,
इस आधुनिक युग में,
जहां स्त्री अपने कंधों पर
दोहरी जिम्मेदारियां उठाती है,
योग को उसका साथी बनाएं।
क्योंकि यह केवल आसन नहीं,
यह उसकी शक्ति का गीत है,
उसकी आत्मा का उत्सव।

मनोविज्ञान और योग

मन,
एक अशांत समुद्र की तरह,
लहरें उठती हैं, गिरती हैं,
हर क्षण नई दिशा में बहती हैं।
विचार,
जैसे बादलों का झुंड,
जो कभी आकाश को ढक लेते हैं,
तो कभी उजाले की किरणों को रोक देते हैं।
इस व्यस्तता में,
योग एक स्थिर किनारा है,
जहां मन को शांति का आसरा मिलता है।

ध्यान,
जब आंखें बंद होती हैं,
तो यह केवल अंधेरा नहीं,
यह भीतर की दुनिया का दरवाजा है।
मनोविज्ञान कहता है,
मन ही शक्ति है, मन ही कमजोरी।
योग सिखाता है,
कि मन को साधा जा सकता है,
जैसे एक कुम्हार मिट्टी को आकार देता है।

श्वास,
जो केवल शरीर का कार्य नहीं,
यह मन की डोर है।
प्राणायाम,
इस डोर को पकड़कर,
उसे नियंत्रण में लाने का साधन है।
अनुलोम-विलोम की लय,
दिमाग के बिखरे तंतुओं को जोड़ देती है।

कपालभाति,
अवसाद के अंधेरे को छांटकर,
एक नई सुबह का आभास कराता है।

आसनों में,
जब शरीर झुकता है, उठता है,
तो यह केवल मांसपेशियों का खेल नहीं,
यह मन के लचीलेपन का अभ्यास है।
भुजंगासन,
जैसे मन को रीढ़ की हिम्मत देता है।
शवासन,
एक ऐसा क्षण,
जब मन अपने भार को छोड़ देता है,
और केवल अस्तित्व का अनुभव करता है।

मनोविज्ञान कहता है,
तनाव, चिंता, और भय,
मन की जटिल गुत्थियां हैं।
योग उन गुत्थियों को खोलता है,
एक-एक सांस के साथ।
ध्यान,
उन विचारों को छूता है,
जो भीतर के शोर को शांत कर देते हैं।
विपश्यना,
मन को उसके असली स्वरूप से मिलाती है।

योग सिखाता है,
कि मन का स्वभाव,
अस्थिरता है,
परंतु उसे शांत करना,
एक साधना है।
यह केवल मानसिक स्वास्थ्य नहीं,

यह आत्मा की गहराई तक,
संपूर्णता का अनुभव है।

आधुनिक युग,
जहां दिमाग हर क्षण दौड़ रहा है,
और मन का भार बढ़ता जा रहा है।
योग,
इस दौड़ में एक विराम है।
यह सिखाता है,
कि मन को केवल नियंत्रण नहीं,
बल्कि मुक्त भी किया जा सकता है।

आओ,
इस मानसिक संघर्ष के युग में,
योग को अपनाएं।
क्योंकि यह केवल शरीर का साधन नहीं,
यह मन और आत्मा का भी सहारा है।
यह वह पुल है,
जो मनोविज्ञान को अध्यात्म से जोड़ता है,
जो अशांत समुद्र में
एक स्थिर द्वीप जैसा है।

कर्मक्षेत्र में योग

कर्मक्षेत्र,
जीवन का वह मंच,
जहां हर व्यक्ति,
अपने हिस्से का पात्र निभाता है।
यहां हर कदम पर,
एक नई चुनौती,
हर सांस में एक नया संघर्ष।
और इस भागदौड़ में,
शरीर थकता है,
मन टूटता है।
पर योग,
जैसे एक प्रकाश,
इस अंधकार को छांट देता है।

ताड़ासन,
जब हाथ आसमान की ओर उठते हैं,
तो यह केवल खिंचाव नहीं,
बल्कि ऊंचाई तक पहुंचने की चाह है।
योग सिखाता है,
कि ऊंचाई तक पहुंचने के लिए,
जड़ों का मजबूत होना जरूरी है।
वृक्षासन,
जहां स्थिरता का अभ्यास,
हर अस्थिर परिस्थिति में भी
संतुलन बनाए रखने का पाठ है।

कर्मक्षेत्र में,
जहां समय दौड़ता है,
प्राणायाम रुकने का मौका देता है।
हर गहरी सांस,
तनाव को हराकर,
फिर से ऊर्जा भर देती है।
अनुलोम-विलोम,
जैसे विचारों की उलझन को सुलझा देता है।
भस्त्रिका,
हर थकावट को उड़ाकर,
एक नई ऊर्जा से भर देता है।

योग सिखाता है,
कि संघर्ष केवल बाहरी नहीं,
भीतर का संतुलन,
हर संघर्ष का उत्तर है।
भुजंगासन,
रीढ़ को सीधा करते हुए,
मन और तन को
खुद पर विश्वास करना सिखाता है।
शवासन,
कर्म के बाद का विश्राम,
जहां हर मांसपेशी,
अपना भार छोड़ देती है।

कर्मक्षेत्र में,
जहां प्रतिस्पर्धा का शोर है,
योग,

एक शांत संगीत है।
यह सिखाता है,
कि हर जीत,
सिर्फ बाहरी नहीं होती,
भीतर की स्थिरता भी,
एक विजय है।
ध्यान,
मन को शांत करके,
हर निर्णय को स्पष्टता देता है।
यह केवल समस्याओं का हल नहीं,
यह स्वयं को जानने का साधन है।

कर्मक्षेत्र में योग,
एक योद्धा का कवच है।
यह हर वार को सहता है,
पर भीतर की ऊर्जा को
कम नहीं होने देता।
यह सिखाता है,
कि सफलता,
सिर्फ मेहनत का परिणाम नहीं,
संतुलन और धैर्य का भी खेल है।

आधुनिक युग में,
जहां हर कर्मक्षेत्र,
युद्धभूमि बन चुका है,
योग,
एक शांति का टुकड़ा है।
यह कर्म और ध्यान,

दोनों को जोड़ता है।
यह सिखाता है,
कि कर्म,
सिर्फ बाहरी नहीं,
भीतर का भी है।

आओ,
इस कर्मक्षेत्र में,
योग को अपना साथी बनाएं।
क्योंकि यह केवल शरीर का साधन नहीं,
यह आत्मा की ताकत है।
यह वह पथ है,
जो कर्म और शांति को
एक साथ लेकर चलता है।

स्वास्थ्य का सूत्र

स्वास्थ्य,
जो जीवन का मूल है,
पर जिसे हम भूल जाते हैं,
भागदौड़ भरे इस युग में।
शरीर,
एक मंदिर की तरह,
जिसकी देखभाल,
हमारे अस्तित्व का आधार है।
और योग,
इस मंदिर का वह पुजारी है,
जो इसे पवित्र और स्थिर रखता है।

हर आसन,
एक नया सूत्र बताता है,
स्वास्थ्य का।
ताड़ासन,
जब हम आसमान की ओर खिंचते हैं,
तो यह याद दिलाता है
कि शरीर की लचक,
मन की शक्ति से जुड़ी है।
वृक्षासन,
हमें स्थिरता सिखाता है,
कि जड़ों का गहरापन,
हर तूफान को सह सकता है।

भुजंगासन,
रीढ़ को सीधा करते हुए,
शरीर में ऊर्जा के प्रवाह को
मजबूत करता है।
और फिर आता है शवासन,

जहां शरीर विश्राम करता है,
मन ठहरता है,
और आत्मा अपनी शांति को महसूस करती है।

प्राणायाम,
वह सेतु है,
जो शरीर और मन को जोड़ता है।
गहरी सांसें,
जैसे जीवन के हर बोझ को
हल्का कर देती हैं।
कपालभाति,
सांसों के साथ,
मन के कोने-कोने को उजाला देती है।
अनुलोम-विलोम,
हर बेचैनी को थामकर,
एक शांत लय में बदल देता है।

स्वास्थ्य का सूत्र,
केवल दवाओं में नहीं,
यह हमारी आदतों में छिपा है।
योग सिखाता है,
कि शरीर,
केवल मांसपेशियों का समूह नहीं,
यह एक संतुलन है,
भीतर और बाहर का।
आसन और ध्यान,
तन और मन के बीच,
एक नया संवाद शुरू करते हैं।

यह केवल बीमारियों को हराने का नहीं,
स्वास्थ्य को जीने का रास्ता है।
योग कहता है,

कि बीमारियां,
केवल शरीर में नहीं होतीं,
वे हमारे विचारों में,
हमारी आदतों में छिपी होती हैं।
ध्यान,
उन विचारों को सुलझाता है,
जो हमारे स्वास्थ्य को चुपचाप
दूर कर देते हैं।

आधुनिक युग में,
जहां हर व्यक्ति
वक्त के साथ दौड़ रहा है,
स्वास्थ्य पीछे छूट जाता है।
योग उस दौड़ में,
रुकने का बहाना है,
जहां हम सांस लेते हैं,
और महसूस करते हैं,
कि जीवन केवल गति नहीं,
यह ठहराव भी है।

स्वास्थ्य का सूत्र,
योग के हर आसन में,
हर सांस में,
हर ध्यान की गहराई में छिपा है।
यह सिखाता है,
कि जीवन का असली धन,
स्वास्थ्य है।
और योग,
उस धन को बचाने का
सबसे सरल उपाय है।

आओ,
स्वास्थ्य के इस सूत्र को अपनाएं।
योग को जीवन का हिस्सा बनाएं।
क्योंकि यह केवल व्यायाम नहीं,
यह जीवन का सार है।
यह वह मंत्र है,
जो शरीर, मन और आत्मा को
एक लय में बांधता है।

योग और प्रकृति संतुलन

प्रकृति,
जो जीवन का स्रोत है,
हवा, पानी, मिट्टी, और अग्नि,
सब कुछ वही है,
जो हमारे भीतर भी प्रवाहित है।
योग,
प्रकृति से हमारा रिश्ता जोड़ता है,
जैसे नदी समुद्र से मिलती है,
वैसे ही हमारा तन और मन
प्रकृति की धड़कन के साथ एक हो जाता है।

सूर्यनमस्कार,
जो हर सुबह
सूरज की ऊर्जा को
हमारे भीतर भर देता है।
यह केवल शरीर का व्यायाम नहीं,
यह सूरज के साथ
हमारे जुड़ाव का प्रतीक है।
हर झुकाव, हर खिंचाव,
धरती को छूने और
आसमान को पाने की चाह है।

वृक्षासन,
हमें पेड़ की तरह खड़ा होना सिखाता है।
जड़ें मिट्टी में गहराई तक,
और शाखाएं आसमान को छूती हुई।
यह हमें याद दिलाता है,
कि संतुलन तभी आएगा,
जब हम अपनी जड़ों को नहीं भूलेंगे।
जब हम धरती से ऊर्जा लेंगे,
और आकाश को धन्यवाद देंगे।

प्रकृति संतुलन,
सांसों में छिपा है।
प्राणायाम,
हवा के साथ एक नृत्य है,
जहां हर सांस,
धरती की ताजगी को भीतर लाती है,
और हर छोड़ना,
हमारे भीतर का भार बाहर कर देता है।
अनुलोम-विलोम,
मानो प्रकृति का दोहराव हो,
दिन और रात,
सूरज और चांद,
सब एक लय में चल रहे हैं।

योग सिखाता है,
कि प्रकृति के हर तत्व से
हमारा रिश्ता है।
जल,
जो शरीर को शुद्ध करता है,
त्रिकोणासन की मुद्रा में,
हम उसकी तरलता को अपनाते हैं।
अग्नि,
जो ऊर्जा का स्त्रोत है,
भस्त्रिका के हर तेज सांस में
हम उसके ताप को महसूस करते हैं।
पृथ्वी,
जो स्थिरता का आधार है,
ताड़ासन की मुद्रा में,
हम उसकी मजबूती को भीतर भरते हैं।

आधुनिक युग,
जहां प्रकृति से दूरी बढ़ रही है।
कंक्रीट के जंगल,
हवा की शुद्धता छीन रहे हैं।
जल,
जो जीवन का सार था,
अब केवल एक संसाधन बन गया है।
लेकिन योग,
हमें उस खोए हुए संतुलन को
वापस पाने का मार्ग दिखाता है।

योग कहता है,
कि प्रकृति हमारी मां है।
हर आसन,
हर ध्यान,
उस मां की गोद में लौटने जैसा है।
जब हम श्वास लेते हैं,
तो वह केवल हवा नहीं,
वह प्रकृति का वरदान है।
जब हम ध्यान करते हैं,
तो वह केवल शांति नहीं,
वह प्रकृति के साथ
एकाकार होने का अनुभव है।

आओ,
योग को अपनाएं।
प्रकृति के संतुलन को समझें।
यह न केवल धरती के लिए,
बल्कि हमारे लिए भी जरूरी है।
योग,
हमें सिखाता है,
कि प्रकृति से दूर होकर,

हम खुद से दूर हो रहे हैं।
यह हमें फिर से जोड़ता है,
हमारी जड़ों से,
हमारे अस्तित्व से,
हमारे जीवन से।

प्रकृति संतुलन,
केवल एक विचार नहीं,
यह जीवन का आधार है।
और योग,
उस आधार को मजबूत करने का
सबसे सरल,
सबसे प्राचीन,
और सबसे प्रभावी तरीका है।

डिजिटल युग में योग

डिजिटल युग,
जहां सब कुछ तेज़ है,
एक क्लिक में दुनिया,
हथेली पर आ जाती है।
हम जुड़े हुए हैं,
हर पल, हर क्षण,
पर भीतर से,
कितने टूटे हुए।

स्क्रीन की रोशनी में,
हमने सूरज की चमक खो दी।
कुर्सियों पर जमे,
हमने जमीन से रिश्ता तोड़ लिया।
सांसें,
जो जीवन का प्रमाण थीं,
अब एक मशीन की तरह,
सिर्फ चलती हैं,
महसूस नहीं होतीं।

योग,
इस युग में,
एक प्रकाश है,
जो अंधकार को चीरता है।
यह याद दिलाता है,
कि जीवन केवल डेटा का प्रवाह नहीं,
यह भीतर की धड़कन है,
जिसे सुनने की जरूरत है।

त्रिकोणासन,
हमें स्क्रीन से उठाकर,
धरती की स्थिरता का अनुभव कराता है।

भुजंगासन,
पीठ को सीधा कर,
हमें हमारी रीढ़ की ताकत याद दिलाता है।
हर आसन,
जैसे एक विरोध हो,
डिजिटल थकान के खिलाफ।

प्राणायाम,
हवा का वह संगीत है,
जो स्क्रीन के शोर को
धीमा कर देता है।
गहरी सांसें,
हमें हमारे भीतर ले जाती हैं,
जहां डिजिटल कनेक्शन का नहीं,
सिर्फ आत्मा के कनेक्शन का अस्तित्व है।

ध्यान,
इस युग में,
एक क्रांति है।
यह कहता है,
कि बंद आँखों में,
सबसे गहरी दृष्टि छिपी है।
जहां ना कोई ईमेल है,
ना कोई नोटिफिकेशन,
बस शांति है,
और उस शांति में,
जीवन का सार।

डिजिटल युग,
जहां मल्टीटास्किंग एक आदत बन गई है,
योग,
हमें सिखाता है,

कि एक पल में,
केवल एक चीज़ करना,
कितना जरूरी है।
सूर्यनमस्कार,
हमें सुबह की ताजगी से जोड़ता है,
जो स्क्रीन की कृत्रिम रोशनी नहीं,
सूरज की असली गर्मी से भरता है।

यह युग,
जो भागने का है,
योग हमें ठहरने का महत्व सिखाता है।
यह कहता है,
कि तकनीक का उपयोग करो,
पर उससे बंधे मत रहो।
सांस लो,
और महसूस करो,
कि जीवन केवल गति नहीं,
यह ठहराव भी है।

आओ,
इस डिजिटल अराजकता में,
योग को अपनाएं।
यह हमें वापस लेकर जाएगा,
हमारी जड़ों तक,
जहां जीवन का असली अर्थ छिपा है।
जहां स्क्रीन के बाहर,
एक असली दुनिया है,
जिसे छूने,
महसूस करने,
और जीने की जरूरत है।

योग,

डिजिटल युग का साथी है।
यह हमें सिखाता है,
कि कैसे तकनीक के साथ,
संतुलन बनाए रखें।
यह कहता है,
कि स्क्रीन पर नहीं,
जीवन की धड़कन,
हमारे भीतर है।
और जब हम योग करते हैं,
तो वह धड़कन
हमसे बात करती है।

आओ,
योग के साथ,
डिजिटल युग में
एक नई शुरुआत करें।
जहां तकनीक हमारी मदद करे,
और योग हमें संभाले।
दोनों साथ मिलकर,
जीवन को
सार्थक और सुंदर बनाएं।

ऑफिस में योग

कुर्सी की कठोरता,
कंप्यूटर की ठंडी स्क्रीन,
हर रोज़,
हर घंटे,
हमारे शरीर को,
धीरे-धीरे
बांधती जाती है।
एक मशीन बनते हुए,
हम भूल जाते हैं,
कि यह तन,
केवल काम करने का साधन नहीं,
जीने का माध्यम है।

फाइलों का बोझ,
डेडलाइन्स का दबाव,
और मीटिंग्स का अंतहीन सिलसिला,
जैसे हमें जकड़ लेता है।
हमारे कंधे,
थकावट की कहानी सुनाते हैं।
हमारी आंखें,
आराम को तरसती हैं।
सांसें,
जो जीवन की पहचान थीं,
अब बस एक औपचारिकता लगती हैं।

यहीं योग आता है,
जैसे ठहरे पानी में,
कोई हल्की लहर।
ऑफिस की कुर्सी पर भी,
योग हमें सिखाता है,

कि रुकना,
और खुद को महसूस करना,
कितना जरूरी है।

ताड़ासन,
हमें बताता है,
कि कैसे अपने शरीर को
सीधा और मजबूत रखें।
गर्दन का हल्का घुमाव,
कंधों की धीरे-धीरे मरोड़,
जैसे जमे हुए शरीर को
फिर से जीवन देती है।

अनुलोम-विलोम,
सांसों का यह खेल,
हवा को भीतर खींचते हुए,
तनाव को बाहर फेंक देता है।
गहरी सांस,
हमें याद दिलाती है,
कि भीतर भी
एक आकाश है,
जो खाली हो सकता है,
अगर हम उसे महसूस करें।

ऑफिस में योग,
काम की अराजकता में,
शांति का एक कोना है।
यह सिखाता है,
कि तनाव का जवाब,
और अधिक काम नहीं,
बल्कि एक पल का ठहराव है।
मात्र कुछ मिनट,

जहां आप अपने शरीर को
सुनें,
अपनी सांसों को देखें,
और अपने मन को शांत करें।

काम की भागदौड़ में,
हम भूल जाते हैं,
कि यह शरीर,
हमारा साथी है।
यह हमें सुनता है,
हमें संभालता है।
और योग,
इस साथी का ख्याल रखना सिखाता है।

ऑफिस में,
जहां फोकस जरूरी है,
ध्यान,
हमें सिखाता है,
कि कैसे अपनी ऊर्जा को
एक बिंदु पर केंद्रित करें।
बंद आंखें,
और एक गहरी सांस,
हमें वह संतुलन देती है,
जो खो गया था।

योग कहता है,
कि आप मशीन नहीं,
आप एक जीवंत व्यक्ति हैं।
आपके पास शरीर है,
जो आपका साथी है।
आपके पास मन है,
जो आपकी ताकत है।

और इन दोनों को,
एक साथ रखने का नाम है योग।

तो आओ,
ऑफिस में भी,
योग को जगह दें।
यह केवल तन का व्यायाम नहीं,
यह मन का आराम है।
यह केवल शरीर की गति नहीं,
यह आत्मा की शांति है।
योग,
काम की दुनिया में,
सुकून का संदेश है।
एक छोटा-सा प्रयास,
जो आपके दिन को
थोड़ा बेहतर,
थोड़ा हल्का,
और बहुत ज्यादा आनंदमय बना सकता है।

यात्रा में योग

यात्रा,
सिर्फ मार्ग की लंबाई नहीं,
यह एक परिवर्तन है,
जहां हर कदम,
आपकी आत्मा को
नई दिशा में ले जाता है।
यह रास्ता,
जो कभी तेज़ है,
कभी धीमा,
हमें याद दिलाता है
कि यह यात्रा सिर्फ बाहरी नहीं,
अंदर की भी होनी चाहिए।

हम बस से,
या ट्रेन से,
या विमान से यात्रा करते हैं,
हमारे शरीर कहीं और होते हैं,
पर हमारा मन,
आकांक्षाओं के बीच,
कभी कहीं ठहरता नहीं।
कभी तो रास्ते पर,
भीड़ की तरह हम भागते हैं,
खुद को खो देते हैं।
सांसें तेज़ हो जाती हैं,
जैसे कोई डर,
हमें घेरने लगता है।

लेकिन यात्रा में योग,
एक पल है,
जब आप अपनी सांसों को पकड़ते हैं,

मन को शांति की ओर ले जाते हैं।
जब बस, या ट्रेन रुकती है,
आप अपनी आँखें बंद करते हैं,
कुछ गहरी सांसें लेते हैं।
आप महसूस करते हैं,
कि रास्ते की धड़कन,
आपके भीतर की धड़कन से मेल खाती है।

आसन,
जो एक साधारण मुद्रिका बन जाती है,
जब यात्रा में आराम की जगह कम हो,
फिर भी शरीर को लचीला बनाए रखती है।
हर मोड़ पर,
सिर्फ शरीर को नहीं,
मन को भी खोलते हैं।
तिर्यक ताड़ासन,
हमें बताता है कि यात्रा के हर मोड़ पर
संतुलन बनाए रखना जरूरी है।

प्राणायाम,
वह संगीत है,
जो हम अक्सर भूल जाते हैं,
लेकिन यात्रा में यह याद आता है।
गहरी सांसें,
जो हमें उस पल में ले जाती हैं,
जहां बस केवल हम हैं,
हमारे भीतर और बाहर की हवा,
एक साथ बहती है।
हर सांस,
एक नई शुरुआत का संकेत है,
हर श्वास,
नवीनता का अनुभव कराती है।

ध्यान,
यात्रा के बीच,
एक ठहराव है।
जब सड़कें लहराती हैं,
और हिचकोले खाती हैं,
आपका मन स्थिर रहता है।
आप जो देख रहे हैं,
वह केवल एक दृश्य नहीं,
बल्कि एक ध्यान की अवस्था है।
जब हम रास्ते पर चल रहे होते हैं,
हमें खुद को भूलने का मन करता है,
लेकिन योग कहता है,
कि यात्रा में खोने से पहले,
हमें खुद को पाना चाहिए।

यात्रा में योग,
एक सागर की तरह है,
जो हर पल को गहराई से महसूस करने का तरीका देता है।
यह कहता है,
कि यात्रा का उद्देश्य सिर्फ मंजिल नहीं,
मंजिल तक पहुँचने की प्रक्रिया भी है।
यह हमें याद दिलाता है,
कि जो रास्ता हम तय कर रहे हैं,
वह उतना ही महत्वपूर्ण है,
जितनी कि मंजिल।

जब आप यात्रा करते हैं,
तो यह रास्ता सिर्फ भौतिक नहीं,
यह मानसिक और आत्मिक भी होता है।
योग,
यात्रा को एक साधना बना देता है,

जहां हर कदम,
हर सांस,
हर मुद्रिका,
आपकी आत्मा को एक नयी दिशा देती है।

तो अगली बार,
जब आप यात्रा पर निकलें,
योग को साथ ले जाएं।
यह आपको न केवल रास्ते पर,
बल्कि अपने भीतर की यात्रा में भी मदद करेगा।
क्योंकि हर यात्रा,
सिर्फ बाहर की नहीं,
आपके भीतर की भी होती है।
और योग,
उस यात्रा का सही मार्गदर्शक है।

योग का इतिहास और विकास

1. सिंधु घाटी का योग संस्कार: सिंधु घाटी सभ्यता (3300–1300 ईसा पूर्व) में योग की जड़ें पाई जाती हैं। हड़प्पा और मोहनजोदड़ो की खुदाई में मुद्राओं में बैठे हुए मूर्तियों और चित्रों से योग और ध्यान के प्रारंभिक रूप का संकेत मिलता है। यह प्रमाणित करता है कि प्राचीन भारतीय संस्कृति में योग का अभ्यास एक आध्यात्मिक और शारीरिक साधना के रूप में विद्यमान था।

2. बौद्ध धर्म में ध्यान की परंपरा: बौद्ध धर्म में ध्यान (ध्यान या विपश्यना) एक महत्वपूर्ण साधना पद्धति है। गौतम बुद्ध ने निर्वाण प्राप्ति के लिए ध्यान को प्रमुख साधन बताया। बौद्ध ध्यान परंपराएं जैसे ज़ेन, थेरवाद, और तिब्बती ध्यान ने मानसिक शांति और आत्मबोध पर जोर दिया, जो बाद में योग के कई रूपों में समाहित हुई।

3. मध्यकालीन भारत में योग का उत्थान: मध्यकालीन काल में पतंजलि के योगसूत्र और हठयोग जैसे ग्रंथों ने योग को व्यवस्थित रूप दिया। नाथ परंपरा और हठयोग की शुरुआत इसी समय हुई। गोरखनाथ और अन्य योगियों ने योग को शारीरिक और आध्यात्मिक साधना का माध्यम बनाया। भक्ति आंदोलन के संतों ने भी योग के माध्यम से आत्मज्ञान और भक्ति का संदेश दिया।

4. पश्चिम में योग की यात्रा: 19वीं और 20वीं सदी में योग ने पश्चिम में अपनी जगह बनानी शुरू की। स्वामी विवेकानंद, परमहंस योगानंद, और श्रीमती इंदिरा देवी जैसे योग गुरुओं ने इसे विश्व मंच पर पहुंचाया। पश्चिमी देशों में योग को शारीरिक फिटनेस और मानसिक शांति के साधन के रूप में अपनाया गया। आज, यह स्वास्थ्य और जीवनशैली का प्रमुख हिस्सा बन गया है।

5. अंतरराष्ट्रीय योग दिवस का महत्व: संयुक्त राष्ट्र महासभा ने 2014 में 21 जून को अंतरराष्ट्रीय योग दिवस घोषित किया। इसका उद्देश्य योग के शारीरिक, मानसिक और आध्यात्मिक लाभों को विश्वभर में प्रचारित करना है। यह भारत की प्राचीन धरोहर को वैश्विक पहचान दिलाने का प्रतीक है और योग को स्वास्थ्य और सद्भाव के माध्यम के रूप में स्वीकार करता है।

सिंधु घाटी का योग संस्कार

प्राचीन भूमि,
जहाँ सभ्यता ने पहली सांस ली,
सिंधु के तट पर बसी वह नगरी,
जहाँ ईंटों की कतारों में
जीवन का मौन संगीत गूंजता था।
जहाँ न था शोर,
न थी लालसा का अंधकार,
सिर्फ शांति का प्रवाह,
और आत्मा का अदृश्य संवाद।

वे मूर्तियां,
जो धूल में दबी थीं सदियों तक,
उनकी मुद्राएं,
जिनमें बसी थी अनंत की खोज।
पद्मासन में बैठा वह योगी,
शिव या प्रजापति,
या शायद वह हर मानव का प्रतिबिंब,
जो भीतर झांकता है,
अपने अस्तित्व की गहराई में।

सिंधु की लहरों में
मंत्र गूंजते थे,
शायद शब्दहीन,
केवल ध्वनियों की लय,
जो जोड़ती थी मन को ब्रह्मांड से।
न कोई ग्रंथ था,
न कोई सूत्र,
केवल एक अनुभूति,
जो समय से परे थी।

मिट्टी के उन दीपों में
जलता था ज्ञान का प्रकाश,
जो सिखाता था–
सांसों को देखना,
शरीर को समझना,
मन को मौन करना।
क्या यह योग का पहला स्वरूप था?
या वह जीवन का आदिम सत्य?

सिंधु घाटी के लोग
शायद जानते थे
कि ईंटों के महल मिट जाएंगे,
पर योग का यह संस्कार
विचरता रहेगा समय के पार,
क्योंकि यह केवल अभ्यास नहीं,
यह जीवन का सार है।

आज भी,
जब हम बैठते हैं ध्यान में,
सुनते हैं अपने भीतर की ध्वनि,
तो कहीं न कहीं,
सिंधु घाटी की वह आत्मा
हमारे भीतर सांस लेती है।

बौद्ध धर्म में ध्यान की परंपरा

वह एक वन था,
जहाँ मौन सांस लेता था वृक्षों की पत्तियों में,
जहाँ झरने बहते थे जैसे समय की धारा,
और धरती पर कदमों की आहट
आत्मा के भीतर बजती थी।
वहीं बैठा था एक साधक,
बोधि वृक्ष की छांव में,
आंखें बंद,
जैसे संसार के हर प्रश्न को
मिटा देना चाहता हो।

गौतम,
जो सिद्धार्थ थे कभी,
अब शून्य के दर्शन में खोए,
उन्होंने देखा–
दुख, उसके कारण, और उसका अंत।
यह केवल दृष्टि नहीं थी,
यह जीवन के रहस्यों को
शरीर और श्वास के भीतर
समझने की साधना थी।

वहां से जन्मा ध्यान–
विपश्यना,
अपने भीतर देखने की कला।
हर श्वास,
हर स्पंदन,
हर विचार,
जैसे महासागर में गिरती छोटी बूंदें,
जो अंततः उसी में विलीन हो जाती हैं।
यह ध्यान,

न था केवल बैठने का क्रम,
न कोई क्रिया,
यह तो आत्मा की यात्रा थी,
जो भीतर से निकलकर
अनंत तक जाती है।
आँखों के पीछे
एक ब्रह्मांड था,
जिसे देखने का अभ्यास
यहीं आरंभ हुआ।

साधुओं के झुंड,
गुफाओं और वनों में,
हर श्वास में जीवन को समझते हुए।
ध्यान,
जिसने आत्मा के द्वार खोले,
शांति की चाबियों से।
और जब यह साधना
लौटी जनमानस में,
तो बन गई पथ,
जिसने लाखों को मुक्त किया।

थेरवाद की परंपरा,
ज़ेन का मौन,
तिब्बत के मंत्र,
सब ध्यान की उसी मूल भावना के
अलग-अलग स्वरूप थे।
यह ध्यान
शरीर से परे,
मन से भी परे,
उस सत्य की खोज है
जो हर स्वर, हर रूप,
और हर बंधन के पार है।

आज भी,
जब हम बैठते हैं ध्यान में,
सांसों को सुनते हैं,
तो बोधि वृक्ष का वह सन्देश
हमारे भीतर प्रतिध्वनित होता है।
यह बौद्ध धर्म की परंपरा नहीं,
यह जीवन की अनंतता का संवाद है।

मध्यकालीन भारत में योग का उत्थान

एक युग था,
जब शब्दों ने आकार लिया,
और ध्यान ने पाया एक मार्ग।
वेदों के मंत्रों से निकलकर,
साधना ने खोजा अपना स्वर,
पतंजलि के सूत्रों में बंधा,
एक शाश्वत विज्ञान।
योग अब न केवल अनुभव था,
यह बन चुका था एक विधि,
एक अनुशासन,
जो जीवन के हर कण को
अंतर से जोड़ता था।

मध्यकालीन भारत,
जहाँ धूल भरे रास्तों पर
साधु और योगी भटकते थे,
गुफाओं और जंगलों में
खोजते थे अनंत की छाया।
नाथ योगियों ने दिया इसे नया रूप,
गोरखनाथ की साधना में
शरीर और आत्मा का संगम।
हठयोग जन्मा,
जिसने सिखाया–
शरीर को साधे बिना,
मन का प्रवाह सम्भव नहीं।

गुरुओं के आश्रम,
जहाँ परंपरा के दीप जलते थे,
ज्ञान की ज्वाला में तपते हुए।
वहां आसनों का अभ्यास,

प्राणायाम की लय,
और ध्यान की गहराई
मनुष्य को अमरत्व का अनुभव कराती थी।

मध्यकालीन भारत का योग,
था केवल आत्मा का प्रयास नहीं,
यह था जीने का एक तरीका।
कृष्ण ने गीता में दिया इसका रहस्य,
"योगः कर्मसु कौशलम्,"
कर्म में दक्षता,
और ध्यान में समाधि।
भक्ति आंदोलन में,
सूर, कबीर, तुलसी ने इसे अपनाया,
भजन और साधना के माध्यम से
योग को लोक में जीवंत किया।

इस युग में,
योग केवल जंगलों का नहीं रहा,
यह बन गया हर गृहस्थ का साथी।
शरीर की शक्ति,
मन की स्थिरता,
और आत्मा की मुक्ति,
तीनों की साधना
योग के एक ही मार्ग से संभव हुई।

मध्यकालीन भारत में,
जहाँ युद्ध, अस्थिरता,
और बाहरी आक्रमणों के बीच
आध्यात्मिक ज्योति मंद न हुई।
योग बना वह मशाल,
जो अंधकार को चीरकर
प्रकाश की ओर ले जाती रही।

आज भी,
जब हम आसन में बैठते हैं,
या सांसों को साधते हैं,
तो कहीं न कहीं,
गोरखनाथ की गुफाओं का वह मौन
हमारे भीतर गूंजता है।
मध्यकालीन भारत का योग
न केवल साधना का इतिहास है,
यह है मनुष्य के आत्मबोध की यात्रा,
जो हर युग में अनंत को खोजती रही है।

पश्चिम में योग की यात्रा

एक दिन,
जब हिमालय की घाटियों से निकलकर
साधना ने किया अपना पहला प्रवास,
पश्चिम की धरती पर
योग ने ली नई सांस।
यह यात्रा थी विचारों की,
संस्कृति की,
और उस गूढ़ विज्ञान की
जो शरीर और आत्मा के बीच
सेतु बनाता है।

स्वामी विवेकानंद,
शिकागो की उस सभा में,
जब बोले थे,
तो योग का पहला दीप जला था।
यह केवल शब्द नहीं थे,
यह भारत की आत्मा थी,
जो पश्चिम के मन को छू गई।
उनके बाद आए अनेक संत,
जिनकी वाणी में थी
शांति और ज्ञान का आह्वान।

योग ने पाया नया रूप,
नई परिभाषा।
पश्चिम ने देखा इसे
शरीर की लय में,
मांसपेशियों की शक्ति में,
और स्वास्थ्य की खोज में।
पर योग का स्वर,
जो भीतर से उठता था,
वह धीरे-धीरे

मन के मौन में गूंजने लगा।

परमहंस योगानंद ने
जब सुनाया 'योगी की आत्मकथा',
तो हर शब्द ने
पश्चिम की आत्मा को झकझोर दिया।
योग अब केवल आसनों तक सीमित न रहा,
यह बना साधना का साधन,
जीवन की व्यस्तता में
शांति का एक द्वार।

गुरु और योगियों ने
पश्चिम की धरती पर
खोले अपने आश्रम।
शिवानंद की शिक्षाएं,
महर्षि महेश योगी का ध्यान,
या बी.के.एस. अयंगार के आसन–
हर प्रवाह ने
इस यात्रा को आगे बढ़ाया।

वहां के शहरों ने,
जहाँ मशीनों का शोर था,
योग को पाया एक मौन में।
जिम और स्टूडियो में,
शुरुआत हुई आसनों से,
पर धीरे-धीरे
हर श्वास में घुलने लगी साधना।
योगा मैट पर बैठा हर व्यक्ति
जैसे खोजने लगा
अपनी आत्मा का स्पर्श।

यह यात्रा
केवल सीमा पार करने की नहीं थी,

यह संस्कृतियों को जोड़ने की थी।
पश्चिम ने इसे अपनाया
स्वास्थ्य और सुंदरता के लिए,
पर योग ने सिखाया उन्हें
कि शांति भीतर से आती है।

आज,
जब योग दिवस पर
संपूर्ण विश्व साथ बैठता है,
तो यह केवल भारत का नहीं,
मानवता का उत्सव बन गया है।
यह यात्रा,
जो गंगा के तट से शुरू हुई थी,
अब थम नहीं सकती।
योग की यह लहर
हर हृदय तक पहुंचेगी,
क्योंकि यह केवल व्यायाम नहीं,
यह है जीवन की खोज।

अंतरराष्ट्रीय योग दिवस का महत्व

एक दिन,
जैसे धरती ने थामी हो अपनी शांति,
और आकाश ने फैलाया हो अपनी सीमाएं,
एक दिन,
जब संसार ने एक साथ
सांस ली हो,
उस दिन ने जन्म लिया
अंतरराष्ट्रीय योग दिवस।

यह कोई तारीख नहीं थी,
केवल एक दिन का उत्सव नहीं,
यह तो था संकल्प,
संगठित जीवन का मंत्र,
जो हर व्यक्ति के भीतर,
हर राष्ट्र की धड़कन में
गूंजने लगा।

एक साधना का स्वर,
जो किसी सीमारेखा से न बंधा था,
जिसे न स्थान की आवश्यकता थी,
न समय की।
यह था एक वैश्विक शांति का आह्वान,
जो सिर्फ शारीरिक न था,
मन और आत्मा का मिलन था।

सभी रंग,
सभी जाति,
सभी धर्म–
योग ने किसी को भी विभाजित न किया।
वह खड़ा था,
हर मानव की जड़ों में,

जो किसी न किसी रूप में
ब्रह्मांड से जुड़ा था।
कभी आसन के माध्यम से,
कभी प्राणायाम की लय में,
कभी चुपचाप ध्यान में।

इस दिन ने सिखाया,
योग केवल व्यायाम नहीं है,
यह है अस्तित्व की समझ,
यह है श्वास का संकल्प।
यह दिन केवल एक कसरत की चेष्टा नहीं,
यह था संतुलन की खोज,
जो दुनिया के कोने-कोने से उठकर
एकता में समाहित हो जाती है।

भारत से शुरू हुआ यह आंदोलन,
अब हर देश के मैदान में फैल चुका है,
यह एक आवाज बन चुका है,
जो प्रत्येक जीवन की गति से
समर्थन प्राप्त करता है।
अंतरराष्ट्रीय योग दिवस ने
हर राष्ट्रीयता को
एक ही शांति में समाहित किया,
जैसे गंगा की धारा
हर नदी को अपनी ओर खींचती है।

आध्यात्मिक उन्नति का यह पर्व
कभी ध्यान के रूप में था,
कभी आसन में था,
कभी प्राचीन ऋषियों की साधना में था,
लेकिन अब यह दिन है
सभी के भीतर
सामूहिक शांति का आगमन।

और जब लोग योग दिवस पर एकत्र होते हैं,
न केवल शरीर,
मन भी शुद्ध होता है।
हमारे भीतर जो द्वार बंद थे,
वह खुलते हैं।
हम एक साथ होते हैं,
यह सब दुनिया एक हो जाती है।
हम एक साझी सांस के साथ
समझते हैं
कि योग है जीवन,
जो सबको जोड़ता है।

योग और विज्ञान

1. मस्तिष्क और ध्यान का वैज्ञानिक संबंध: ध्यान, मस्तिष्क के कार्यों को नियंत्रित करने और मानसिक स्थिति को सुधारने में मदद करता है। वैज्ञानिक अध्ययन बताते हैं कि नियमित ध्यान मस्तिष्क के संरचनात्मक और कार्यात्मक परिवर्तन ला सकता है, जिससे मानसिक स्पष्टता, एकाग्रता और भावनात्मक संतुलन में सुधार होता है।

2. योग और हृदय स्वास्थ्य: योग हृदय की सेहत के लिए अत्यंत लाभकारी है। यह रक्तचाप, कोलेस्ट्रॉल स्तर को नियंत्रित करता है, हृदय गति को स्थिर रखता है और तनाव को कम करने में मदद करता है, जो हृदय रोगों के जोखिम को घटाता है।

3. मांसपेशियों और हड्डियों पर योग का प्रभाव: योग आसनों से मांसपेशियों की लचीलापन बढ़ती है, मांसपेशियों को मजबूत किया जाता है, और हड्डियों की घनता में सुधार होता है। यह असंतुलन और दर्द को कम करने में मदद करता है, जिससे जोड़ों और हड्डियों के स्वास्थ्य में सुधार होता है।

4. योग से तनाव का उत्तम समाधान: योग शरीर और मन के बीच संतुलन स्थापित करता है, जिससे तनाव और चिंता कम होती है। ध्यान, प्राणायाम और आसनों के माध्यम से मानसिक शांति और आराम प्राप्त होता है, जिससे शरीर और मन दोनों स्वस्थ रहते हैं।

5. कैंसर उपचार में योग साधना: योग कैंसर उपचार के दौरान शारीरिक और मानसिक समर्थन प्रदान करता है। यह दर्द, थकान और चिंता को कम करने में मदद करता है, साथ ही शरीर को उपचार के लिए सशक्त बनाता है। योग के जरिए इम्यून सिस्टम को भी सुदृढ़ किया जा सकता है, जो रोग प्रतिकारक क्षमता को बढ़ाता है।

मस्तिष्क और ध्यान का वैज्ञानिक संबंध

मस्तिष्क, यह जटिल संरचना,
जो असंख्य तंतुओं से बंधी,
उसमें निरंतर एक अजीब सी हलचल होती है।
वह हलचल, जिसे हम सोचते हैं,
वह एक प्रक्रिया है,
जो न केवल हमारे विचारों को आकार देती है,
बल्कि हमारे स्वास्थ्य को भी प्रभावित करती है।

मन की शक्ति और शरीर का संबंध,
यह केवल एक दर्शन नहीं,
बल्कि एक वैज्ञानिक तथ्य है।
जब हम ध्यान करते हैं,
वह केवल शांति की खोज नहीं,
बल्कि मस्तिष्क के भीतर के तंतुओं को पुनः संतुलित करने की
प्रक्रिया है।

ध्यान में डूबते हुए,
हम महसूस करते हैं कि
हमारे मस्तिष्क के विभिन्न हिस्से,
जो पहले अनियंत्रित थे,
अब एक लय में काम करने लगे हैं।
सुनें, यह लय हमारे भीतर के तंतुओं की है,
जो विद्युत संकेतों के माध्यम से संवाद करते हैं।
ध्यान और प्राणायाम के माध्यम से,
हम उन संकेतों को नियंत्रित कर सकते हैं,
जैसे संगीतकार अपने वाद्ययंत्र को सजा देता है।

विज्ञान कहता है,
ध्यान से मस्तिष्क के गहरे क्षेत्र सक्रिय होते हैं,
जो चिंता, अवसाद, और तनाव को कम करते हैं।
यह क्षेत्र मानसिक संतुलन के लिए जिम्मेदार हैं,

और यह हमारे शरीर के अन्य अंगों की तरह ही,
समय-समय पर रीसेट होते हैं,
जब हम ध्यान और योग को अपनाते हैं।

ध्यान, यह न केवल मानसिक स्वास्थ्य की कुंजी है,
यह मस्तिष्क के संरचनात्मक बदलाव का कारण बनता है।
कुछ क्षेत्रों में वृद्धि,
तो कुछ में कमी आती है,
जो हमें बेहतर मानसिक स्थिति में ला देती है।
विज्ञान ने इसे माप लिया है,
यह ध्यान की अदृश्य शक्ति को प्रमाणित करता है।

हमारे मस्तिष्क की इन रहस्यमयी प्रक्रियाओं को समझने के लिए,
हमें केवल अपने भीतर की शांति को खोजना होता है।
योग और विज्ञान,
यह दोनों एक ही भाषा बोलते हैं,
वह भाषा जो हमें शारीरिक और मानसिक स्वास्थ्य की ओर ले
जाती है।
यह केवल एक योगिक अनुभव नहीं,
बल्कि मस्तिष्क की गहरी समझ है,
जो हमें आत्मा से जुड़ने की दिशा दिखाती है।

जब हम ध्यान करते हैं,
हम अपनी जैविक प्रक्रियाओं को नियंत्रित करते हैं,
हमारी तंत्रिकाओं में एक विशेष ऊर्जा का संचार होता है,
जो हमारे शारीरिक और मानसिक स्वास्थ्य को पुनर्जीवित करता
है।
यह ध्यान का वैज्ञानिक पहलू है,
जो योग की गहरी समझ से जुड़ा हुआ है,
और हमें शांति और संतुलन की ओर मार्गदर्शन करता है।

योग और हृदय स्वास्थ्य

हृदय, जो हमारे जीवन की गति को नियंत्रित करता है,
जिसमें न केवल रक्त का संचार है,
बल्कि वह नदियाँ हैं, जो हमें जीवित रखती हैं,
हमारे अस्तित्व की मौलिक धारा हैं,
हृदय में एक लय है,
एक संगीत,
जो हर धड़कन में हमें याद दिलाता है
कि हम इस दुनिया में हैं,
जी रहे हैं।

लेकिन यह लय भी टूट सकती है,
कभी तेज़ हो जाती है, कभी धीमी,
मानव मनोवृत्तियों के झंझावातों में,
कभी तनाव से दब कर,
कभी शारीरिक अनियमितताओं से घिर कर,
हृदय के समक्ष खड़ी होती है असंख्य चुनौतियाँ।
यह संसार जो अनिश्चित है,
हमारे भीतर के हृदय पर भी
अपना असर छोड़ता है।

फिर आता है योग,
जैसे एक ठंडी हवा का झोंका
जो शांत करता है जलते हुए आंचल को।
योग, यह एक साधना है,
जिसमें शरीर, मन और आत्मा
हृदय के समानांतर तालमेल बैठाते हैं।
प्राणायाम, वह श्वास जो गहरी है,

उसकी गति हृदय की धड़कन को संतुलित करती है।
शरीर में आक्सीजन का संचार,
समान रूप से हृदय को भी मिलता है शांति का संकेत।

हृदय के चारों ओर वह घेरा है,
जो योग के आसनों से खुलता है,
जहां तनाव की गांठें सुलझती हैं,
जहां रक्त का संचार अधिक सटीक होता है,
जहां कोलेस्ट्रॉल और रक्तचाप
सामान्य रफ्तार से चलते हैं।
योग, हृदय को अपनी पूरी क्षमता में
कार्य करने की राह दिखाता है,
उसकी लय को पुनः स्थापित करता है।

योग केवल शरीर का शुद्धिकरण नहीं,
यह हृदय की शुद्धि भी है।
यह मन की उथल-पुथल को शांत करता है,
हमारे भीतर की नकारात्मकता को दूर करता है,
और हृदय को एक नया जीवन देता है।
कभी कभी हृदय में एक ठहराव आता है,
योग के अभ्यास से वह ठहराव टूटता है,
और हृदय फिर से खुलकर धड़कने लगता है।

समय के साथ, योग
हृदय को एक गहरी समझ देता है,
हमारे भीतर एक सीधा संवाद होता है,
जहां भावनाओं के तूफान को शांत किया जाता है,
और हम अपनी सांसों के साथ

हृदय की धड़कनों को महसूस करते हैं,
सचेत रहते हुए,
उनके प्रत्येक पल की महत्ता को पहचानते हुए।

यह केवल एक शरीर का अभ्यास नहीं,
यह जीवन की संपूर्णता को गले लगाने की प्रक्रिया है,
जिसमें हृदय, हमारे अस्तित्व का केंद्र,
स्वास्थ्य के उच्चतम शिखर पर पहुंचता है।
योग हृदय को एक नया आभास देता है,
एक नया जीवन,
जो स्थिर और संतुलित रहता है,
हर धड़कन में प्रेम और शक्ति का अनुभव करता है।

मांसपेशियों और हड्डियों पर योग का प्रभाव

हड्डियाँ, हमारे शरीर की नींव हैं,
मांसपेशियाँ, हमारी शक्ति और लचीलापन।
दोनों, एक-दूसरे के साथ मिलकर,
हमें चलते-फिरते, उठते-बैठते,
आगे बढ़ने की क्षमता देती हैं।
लेकिन जैसे-जैसे समय गुजरता है,
मांसपेशियाँ थकने लगती हैं,
हड्डियाँ कमजोर होती जाती हैं,
और शरीर की वह लचीलापन खोने लगता है,
जो कभी स्वाभाविक था।

फिर आता है योग,
जो मांसपेशियों और हड्डियों के साथ संवाद करता है,
उनसे मिलकर एक नई ऊर्जा उत्पन्न करता है।
प्रत्येक आसन, एक गहरी श्वास के साथ,
मांसपेशियों को खींचता है,
विस्तारित करता है,
और उन्हें फिर से सक्रिय करता है।
वहां जहाँ तनाव था,
वहां शांति की लहर दौड़ जाती है,
जहाँ कठोरता थी,
वहां लचीलापन स्थापित हो जाता है।

योग के आसनों से,
मांसपेशियाँ अपनी गहरी तहों तक जाती हैं,
और हर बार, जब हम शरीर को फैलाते हैं,
हम महसूस करते हैं कि वह पहले से अधिक मजबूत है,

जो कभी जकड़ा था, वह अब मुक्त है।
हड्डियाँ, जो जीवन भर हमें सहारा देती हैं,
अब उन्हें भी मिलता है एक नया जीवन,
हर आसन से, हर मुद्रा से,
उनकी घनता बढ़ती है,
उनकी ताकत उभरती है।

योग, वह मूक शिक्षक है,
जो मांसपेशियों और हड्डियों को एक नया दृष्टिकोण देता है,
वह गहरी समझ से उनका पालन करता है,
उनकी आवश्यकताओं को पहचानता है,
और धीरे-धीरे, उनका सुधार करता है।
प्रत्येक क्रिया, एक संकेत है,
जो मांसपेशियों और हड्डियों को बताता है,
कि उनका कर्तव्य केवल सहनशीलता नहीं,
बल्कि संतुलन और लचीलापन भी है।

प्रत्येक आसन, जैसे वृक्ष की शाखाएं,
हड्डियों में लचीलापन और मजबूती का संचार करता है,
मांसपेशियाँ उसकी जड़ें बन जाती हैं,
जो जमीन में गहरी चली जाती हैं,
कभी मांसपेशियाँ सिकुड़ती हैं,
तो कभी विस्तृत होती हैं,
और हर स्थिति में,
हड्डियाँ सहायक बनती हैं,
स्वाभाविक रूप से हर गति को संतुलित करती हैं।

योग का अभ्यास,
मांसपेशियों और हड्डियों के बीच के रिश्ते को
गहरी समझ से जोड़ता है।
यह केवल शारीरिक संरचनाओं की देखभाल नहीं,
बल्कि उनके बीच की निरंतर चलने वाली ऊर्जा का ध्यान है,
जो हमें हर दिन के लिए ताजगी और शक्ति प्रदान करता है।
हड्डियाँ और मांसपेशियाँ,
योग के साथ,
एक नए स्वरूप में जागृत होती हैं,
एक नई स्थिरता,
एक नई गतिशीलता पाती हैं,
जो शारीरिक और मानसिक स्वास्थ्य को
संगठित रूप से आगे बढ़ाती है।

योग से तनाव का उत्तम समाधान

तनाव, वह अदृश्य बोझ है,
जो मन की गहराई में घुसकर,
शरीर को निचोड़ता है,
हमारी धड़कन को तेज़ कर देता है,
और सांसों को अस्थिर कर देता है।
यह एक अजीब सी स्थिति है,
जहाँ समय रुकता नहीं,
लेकिन सब कुछ बोझिल सा महसूस होता है।

यह तनाव, धीरे-धीरे हमारे भीतर समाता है,
दिमाग में विचारों का तूफ़ान लाता है,
और शारीरिक रूप से हमें थका देता है,
हमारे शरीर की ऊर्जा चुराता है,
हमें थका हुआ, चिड़चिड़ा,
और कमज़ोर बना देता है।
हम समझते हैं कि हम किसी लक्ष्य की ओर बढ़ रहे हैं,
लेकिन उस दिशा में हर कदम भारी पड़ता है।

फिर आता है योग,
जिससे हम धीरे-धीरे अपने भीतर के तूफ़ान को शांत करते हैं,
एक गहरी श्वास के साथ,
हम तन और मन को समेटने की प्रक्रिया में लगते हैं।
प्रत्येक आसन, जैसे एक शांति की ओर बढ़ता कदम,
जो तनाव को शरीर से बाहर निकालने की प्रक्रिया है।
प्राणायाम, वह जीवनदायिनी हवा,
जो न केवल श्वास को नियंत्रित करती है,
बल्कि हमारे भीतर के असंतुलन को भी सही करती है।

ध्यान, वह गहरी अवस्था,
जहाँ हम खुद को महसूस करते हैं,
जहाँ हमारे भीतर कोई दौड़ नहीं होती,
कोई चिंता नहीं होती,
हम बस होते हैं।
सांसों का उत्थान और अवनमन,
जैसे एक संगीत की धारा,
जो मन को शांति की ओर बहा ले जाती है।
यहां, हम अपने भीतर की चुप्पी को सुनते हैं,
और उस चुप्पी में,
हर तनाव, हर भय,
धीरे-धीरे पिघलते जाते हैं।

योग, यह न केवल शारीरिक अभ्यास है,
यह मानसिक संपूर्णता का द्वार है,
जो हमें सिखाता है कि तनाव का समाधान
न बाहर, बल्कि भीतर है।
हमारे शरीर में, हमारे मन में,
और हमारी आत्मा में,
एक अदृश्य शक्ति है,
जो हमें शांति की ओर ले जाती है,
जब हम उसे महसूस करते हैं,
जब हम उसे स्वीकार करते हैं।

तनाव, वह एक अस्थायी भ्रम है,
जो योग के माध्यम से,
हमारे भीतर की असली ताकत से

धो दिया जाता है।
जैसे एक कच्ची रेखा,
योग उसे सीधा करता है,
हमारी श्वास, हमारे विचार,
हमारी आत्मा,
एक नई दिशा में बहती है।
तनाव का कोई अस्तित्व नहीं रह जाता,
सिर्फ शांति का महासागर फैल जाता है,
और हम उस महासागर के भीतर,
सदियों पुरानी शांति में डूब जाते हैं।

कैंसर उपचार में योग साधना

कैंसर, वह शब्द जो हर व्यक्ति के भीतर एक कँटीली भावना छोड़
जाता है,
जो शरीर के भीतर छिपे शत्रु का रूप लेता है,
जो प्रत्येक कोशिका को धीरे-धीरे निगलता है,
और हमसे हर उस शक्ति को छीन लेता है,
जो कभी हमें जिंदगी का अनुभव कराती थी।
यह एक अनदेखा युद्ध है,
जो केवल शारीरिक नहीं,
मानसिक और आत्मिक स्तर पर भी चलता है।

लेकिन जब हर दिशा से अंधकार घेरता है,
और हर उपचार में थोड़ी सी उम्मीद बची रहती है,
वहाँ योग एक नई रोशनी बनकर प्रकट होता है।
योग, वह साधना जो न केवल शरीर को स्वस्थ करती है,
बल्कि मन और आत्मा को भी संजीवनी शक्ति प्रदान करती है।
कैंसर के साथ लड़े जाने वाले इस युद्ध में,
योग एक ऐसा साधन है,
जो भीतर की शक्ति को जागृत करता है,
और शांति का संचार करता है।

प्रत्येक आसन, शरीर की कमजोरी को ताकत में बदलता है,
हर मुद्रा, मांसपेशियों में लचीलापन और सहनशीलता लाती है,
जब रसायनिक उपचार थका देता है,
योग की शांति उन्हें समाहित करती है।
गहरी श्वासों के साथ,
प्राणायाम न केवल शारीरिक स्वास्थ्य को सुधारता है,
बल्कि कोशिकाओं में नवीनीकरण लाता है,

उनकी शक्ति को दोगुना करता है।
यह श्वास, हर कोशिका को यह याद दिलाती है
कि जीवन केवल एक संघर्ष नहीं,
बल्कि एक शक्ति का प्रवाह है।

ध्यान, वह अनुभव है,
जहाँ हर विचार, हर आंसू, हर चिंता,
मौन हो जाता है,
और भीतर की शांति,
सभी दर्द और भय को नष्ट कर देती है।
कैंसर का उपचार केवल रसायन और दवाओं से नहीं,
बल्कि एक मानसिक बदलाव से भी होता है,
जो योग के अभ्यास से होता है।
यह न केवल शरीर को सक्षम बनाता है,
बल्कि आत्मा को भी उतनी ही ताकत से भरता है,
जो हर बाधा को पार करने के लिए जरूरी है।

कैंसर, जब शरीर के भीतर छिपे शत्रु की तरह आकार लेता है,
तो योग उस शत्रु का सामना, एक शांतिपूर्ण योद्धा की तरह करता
है।
वह शारीरिक तंत्र को जागरूक करता। है,
उनकी रक्षा की प्रणाली को सक्रिय करता है,
और हर कोशिका को जीवन की दिशा में दिशा दिखाता है।
यह केवल इलाज का एक तरीका नहीं,
बल्कि एक आत्मनिर्भरता का मंत्र है,
जो कैंसर से पहले, और कैंसर के बाद भी
हमारे भीतर की शक्तियों को एक नई दिशा देता है।

योग का अभ्यास कैंसर के उपचार में एक समग्र दृष्टिकोण लाता है,
जो न केवल शरीर, बल्कि मन और आत्मा के हर स्तर पर कार्य
करता है।
यह उपचार की प्रक्रिया को एक नई आशा और जीवन का स्वरूप
देता है,
जो कैंसर से कहीं अधिक महत्त्वपूर्ण है–
यह हमें याद दिलाता है कि जीवन,
अभी भी बहता है,
अभी भी जीवित है,
और हम सभी की भीतर वह अनमोल शक्ति है
जो किसी भी बीमारी को हराने के लिए तैयार रहती है।

योग के आध्यात्मिक पहलू

1. योग: अहंकार का अंत: योग का उद्देश्य आत्मा के वास्तविक स्वरूप की पहचान करना है, जो अहंकार से परे है। यह अहंकार को समाप्त करने के माध्यम से व्यक्ति को अपनी सच्ची पहचान का अनुभव कराता है, जिससे वह आत्मिक शांति और संतुलन प्राप्त करता है।

2. योग: स्व-स्वीकृति का मार्ग: योग आत्म-स्वीकृति का मार्ग है, जो हमें अपनी कमजोरियों और शक्तियों को स्वीकार करने का अभ्यास कराता है। यह मानसिक शांति और आत्मविश्वास को बढ़ाता है, जिससे व्यक्ति स्वयं के प्रति सकारात्मक दृष्टिकोण विकसित करता है।

3. योग: निराशा से मुक्ति: योग निराशा और मानसिक अवसाद से मुक्ति का एक प्रभावी साधन है। यह मानसिक स्थिति को संतुलित कर, व्यक्ति को आत्मसमर्पण और भौतिक जगत से परे, आध्यात्मिक ऊँचाइयों की ओर अग्रसर करता है।

4. योग: निर्वाण की झलक: योग के माध्यम से आत्म-समाधान और समाधि की अवस्था प्राप्त होती है, जो निर्वाण की झलक प्रदान करती है। यह झलक व्यक्ति को वास्तविकता के उस स्तर तक पहुँचाती है, जहाँ वह अपने अस्तित्व के परम अर्थ को समझने में सक्षम होता है।

5. योग: मोक्ष की प्राप्ति: योग का अंतिम लक्ष्य मोक्ष की प्राप्ति है, यानी जन्म और मृत्यु के चक्र से मुक्ति। यह व्यक्ति को आत्मा के शुद्ध रूप में जीवन जीने की स्थिति में पहुँचाता है, जहाँ वह सभी बंधनों से मुक्त हो जाता है और शाश्वत शांति को अनुभव करता है।

योग: अहंकार का अंत

सभी अस्तित्वों के बीच एक छिपा हुआ धारा,
जिसे हम पहचान नहीं पाते,
एक अदृश्य रेखा, जो हमें सीमाओं में बांधती है,
यह रेखा खुद का निर्माण करती है,
हमारे विचारों में घुलकर,
जो हमें "मैं" और "तुम" में विभाजित करता है।

अहंकार, एक चिता की तरह,
जलता है भीतर, बुझने का नाम नहीं लेता,
वह हमें यह विश्वास दिलाता है,
कि हम ही केंद्र हैं,
संसार हमारे चारों ओर घूमता है,
हमारे बिना कुछ अस्तित्व नहीं।

लेकिन योग में, एक अनूठा संदेश है,
यह बताता है, "तुम और मैं, एक हैं,"
कहीं गहरे भीतर,
हमारा अस्तित्व एक अदृश्य धागे से बंधा है,
जैसे हर लहर में समुद्र समाहित होता है,
वैसे ही हम ब्रह्म के अंश हैं।

प्राचीन मंत्रों की गूंज,
हमें यह सिखाती है–
अहंकार से पार,
स्वयं की सीमाओं से मुक्त होना,
आत्मा का विस्तार,
सभी के साथ मिलकर,
एक अखंडता का अनुभव करना।

सांस की लय,
प्राणायाम की शांति,

यह सब अहंकार को ढहा देता है,
जैसे सूर्य की किरण से अंधकार छंटता है।

आत्मा की गहराई में जो अदृश्य सत्ता है,
वह अहंकार के अंधकार से कहीं अधिक विशाल है,
सभी दुखों की जड़–
वह भ्रम है,
जिसे हम अपने "मैं" के रूप में देखते हैं।

योग हमें यह दिखाता है,
वह सच्चाई,
जो बिना किसी पहचान के,
निर्विवाद है,
सभी से परे,
एक ऐसी शांति में समाहित है,
जो शब्दों से परे है।

जब अहंकार समाप्त होता है,
तो केवल ब्रह्म का अनुभव होता है,
जो कहीं दूर नहीं,
बल्कि हमारे भीतर है,
हर श्वास में,
हर पल में,
हर विचार के पार।

योग, अहंकार का अंत नहीं,
बल्कि एक शुद्धता की शुरुआत है–
वह शुद्धता जो हमें हमारी असली पहचान से मिला देती है,
हम स्वयं को,
और साथ ही समग्र ब्रह्मांड को,
सभी रूपों में एक जैसा देखने लगते हैं।

हम और तुम,
यह शब्द ध्वनि की तरह भंग होते हैं,
और हम अस्तित्व के समग्र स्वरूप में लीन हो जाते हैं,
जहां कोई अहंकार नहीं,
केवल शांति है,
केवल ब्रह्म है,
केवल प्रेम है।

योग: स्व-स्वीकृति का मार्ग

हमने वर्षों तक भाग-दौड़ की,
सपनों की चापलूसी में,
अपने आप से दूर होते गए,
खुद को पहचानने से डरते रहे।
हमने जो कुछ भी किया,
सभी बाहरी आकारों में खो गए,
सभी दृष्टियाँ दूसरों पर थीं,
लेकिन अपनी नजरें खुद पर कभी नहीं।

योग, फिर से उस खोई हुई राह का अहसास कराता है,
जहां कोई और नहीं,
केवल हम स्वयं हैं।
यह न कोई विधि है, न कोई जादू,
यह केवल अपने भीतर झांकने का समय है,
अपने अस्तित्व की गहराईयों में उतरने का,
जहां हर विकृति, हर डर,
सिर्फ एक भ्रम है।

स्व-स्वीकृति का अर्थ है,
जैसे हम हैं, वैसे ही स्वीकारना,
न किसी आदर्श के अनुसार,
न किसी धारा के पीछे दौड़ते हुए।
यह उस सत्य को देखने जैसा है,
जो हमें बार-बार बताता है,
कि हम पूर्ण हैं, जैसे हम हैं।

हमारी गलतियाँ, हमारे असफलताएँ,
यह सभी सिर्फ अनुभव हैं,
जिनसे हम सीखते हैं,
विकसित होते हैं,
लेकिन ये कभी हमारी पहचान नहीं बन सकते।

हमारी वास्तविकता,
हमारे भीतर की शांति में बसी है,
वह शांति जो न किसी से दूर है,
न किसी से कम है।

योग का असली उद्देश्य,
हमारे मन को शांत करना नहीं,
बल्कि उसे इस बोध तक पहुँचाना है
कि हम पूरी तरह से स्वीकार योग्य हैं।
हमें खुद को किसी और से प्रमाणित करने की आवश्यकता नहीं,
हमारा अस्तित्व ही साक्षात प्रमाण है।

जब हम खुद को स्वीकार करते हैं,
तब हमें किसी से भी किसी प्रकार का मान या अपमान
बिना किसी हिचकिचाहट के स्वीकार हो जाता है,
क्योंकि हम जानते हैं–
हम अपनी पूरी महिमा में खड़े हैं,
कोई बाहरी तत्व हमें परिभाषित नहीं कर सकता।

योग, हमें यह समझाता है,
यह आत्मा का सामना है,
हमसे खुद से,
बिना किसी छल के, बिना किसी पर्दे के,
जो हम हैं,
उसी रूप में स्वीकारने का नाम है।
हम वो नहीं हैं जो हमने सोचा था,
हम वह हैं जो हम हैं,
स्वयं में ही संपूर्ण,
स्वयं में ही अद्वितीय।

जब हम खुद को इस तरह देखते हैं,
तो हम बाहरी दुनिया को भी उसी रूप में देखना शुरू करते हैं,
जहां हर व्यक्ति अपनी यात्रा पर है,

कभी गिरते, कभी उठते,
लेकिन अंततः सभी के भीतर वही शुद्धता है,
जो हमारी अपनी है।

योग का यह मार्ग,
स्व-स्वीकृति का मार्ग है,
यह एक यात्रा नहीं,
बल्कि एक घर वापसी है,
हमारे भीतर के आत्म-संप्रेरणा को,
हमारी वास्तविकता को,
स्वीकार करने का एक गीत है,
जो अनंत प्रेम और शांति की ओर हमें मार्गदर्शन करता है।

स्व-स्वीकृति के इस मार्ग पर चलने का मतलब है,
वह शांति पाना जो हर जगह है,
वह संतुलन जिसे हम हमेशा खोजते हैं,
और वह आत्मविश्वास जो हमें हमारे रास्ते पर चलने का हक देता है
–
क्योंकि जब हम खुद को स्वीकार करते हैं,
हम दूसरों को भी उसी प्रकार स्वीकार सकते हैं।

योग: निराशा से मुक्ति

जब जीवन की राहें घनी हो जाती हैं,
और हर मोड़ पर निराशा का बादल घेर लेता है,
तब हम अपने भीतर के अंधकार में खो जाते हैं,
हर कदम भारी लगता है,
हर साँस थकी हुई,
हमारी आत्मा थम सी जाती है।

इस निराशा के अंधकार में,
हम केवल वही देखते हैं जो नहीं है–
सपने जो टूटे,
आशाएँ जो चुराई गईं,
लेकिन योग का रास्ता,
सिर्फ एक रोशनी नहीं,
यह उस अंधकार के पार देखने की क्षमता है,
यह हमें यह दिखाता है,
कि हमारी असली शक्ति
कभी भी बाहरी परिस्थितियों से नहीं,
बल्कि हमारे भीतर से निकलती है।

निराशा से मुक्ति का मतलब,
हमें कड़ी कोशिश करने का नहीं,
बल्कि अपने विचारों को नृत्य करने देना है,
जैसे एक पत्ता हवा में बहता है,
और फिर अपने रास्ते को खोजता है,
यही वह अवस्था है जिसमें हम अस्थिरता से स्थिरता की ओर बढ़ते हैं,
जहाँ हम समझ पाते हैं
कि हर कठिनाई, हर दुख
एक परिवर्तन का संकेत है।
जब हम ध्यान में बैठते हैं,

हमें यह अहसास होता है,
कि हमारी निराशा सिर्फ एक भ्रम है,
जो हमारे भीतर जमा हुआ है।
सांस की गहराई में खो जाने पर,
हम पाते हैं कि हमारी आत्मा
अनंत शांति और शक्ति से भरी हुई है,
और यही शक्ति हमें बाहर की दुनिया से
अधिक नकारात्मकता को खींचने से रोकती है।

योग हमें यह नहीं सिखाता
कि कैसे जीवन से भागें,
वह हमें यह सिखाता है
कि कैसे जीवन को गले लगाएं–
कभी एक कदम आगे,
कभी एक कदम पीछे,
लेकिन हर कदम पर पूरी तरह से मौजूद होकर।

निराशा से मुक्ति का रास्ता,
सिर्फ बाहरी संघर्षों को खत्म करने का नहीं,
यह हमारे भीतर के उस तंत्र को खोलने का है,
जो हमें सच्ची शक्ति और शांति का अहसास कराता है।
यह तब होता है जब हम समझते हैं,
कि हर निराशा एक शिक्षा है,
हर गिरावट एक अवसर है,
क्योंकि निराशा से मुक्ति केवल तब आती है,
जब हम अपने भीतर के उस अंधकार से प्रेम करना सीखते हैं,
और फिर उसे अपनी रोशनी से भर देते हैं।

योग हमें यह सिखाता है
कि मुक्ति कहीं बाहर नहीं,
बल्कि भीतर है,
वह निरंतरता जो हमें यह याद दिलाती है,

कि हम जीवन के किसी भी मोड़ पर,
हर अंधेरे में,
अपनी आंतरिक ज्योति से रास्ता पा सकते हैं।
क्योंकि निराशा केवल एक क्षणिक अनुभव है,
और जब हम ध्यान में डूबते हैं,
हम पाते हैं कि उस क्षण में
हम अनंत हैं,
हम नष्ट नहीं हो सकते,
हम कभी हार नहीं सकते।

योग, हमें इस सत्य का अनुभव कराता है–
हमारे भीतर की शक्ति कभी भी क्षीण नहीं होती,
यह हमेशा अनंत है,
वह निराशा से कहीं अधिक विशाल है,
जिससे हम कभी मुक्त नहीं हो सकते,
क्योंकि वह कभी अस्तित्व में थी ही नहीं।

योग: निर्वाण की झलक

हम जीते हैं,
लेकिन क्या हम सचमुच जी रहे हैं?
यह जीवन–जैसे एक नदी का बहाव,
कभी शांति से, कभी उफान से।
हम अपने अंतहीन विचारों के साथ,
समय के ताजे पानी में डूबते जाते हैं।
हर पल में,
हर सांस में,
क्या हम जानते हैं–
कि हम कभी अपने गंतव्य तक पहुँच सकते हैं,
जहाँ न कोई भय हो,
न कोई पीड़ा?

निर्वाण की झलक–
यह केवल एक शब्द नहीं,
यह वह अनुभव है,
जो हमारे भीतर सुलग रहा है,
जिसे हम जानने की चेष्टा करते हैं,
लेकिन कभी पूरी तरह से पकड़ नहीं पाते।
हम समझते हैं,
कि यह झलक हमें कहीं बाहर नहीं मिल सकती,
यह हमारे भीतर ही छिपी हुई है,
जैसे कोई रहस्यमयी आकाश,
जिसका अस्तित्व हमें भले ही न दिखे,
लेकिन जो हर रात हमें अपनी चुप्पी से घेरे रहता है।

योग, यह हमें इस आकाश को देखना सिखाता है,
यह हमें बताता है कि हमारे भीतर छुपा है
वह सत्य, वह शांति,
जो न कहीं बाहर है,

न कभी खो सकता है।
यह झलक नहीं है,
यह वह अनंतता है,
जो हमे अपने भीतर खोजनी होती है,
एक बारीकी से उभरी हुई,
एक सफेद चमक के समान,
जो धीरे-धीरे हमें सब कुछ दिखाती है,
बिना किसी शब्द के,
बिना किसी ध्वनि के।

निर्वाण की झलक,
वह एक क्षण है,
जब हमारी आंतरिक यात्रा की सारी गांठें खुल जाती हैं,
यह एक सफर नहीं,
बल्कि यह समय की सीमा से परे एक क्षण है,
जहाँ हम और ब्रह्मा,
हम और बोध,
हम और निर्वाण–
सभी एक हो जाते हैं।

लेकिन यह झलक हमेशा साथ नहीं रहती,
यह क्षण के बाद निस्तब्ध हो जाती है,
हम फिर से संसार में लौट आते हैं,
लेकिन भीतर कुछ बदल चुका होता है,
हमसे जुड़े दुखों के घेरे थोड़े ढीले हो जाते हैं,
हमारे बीच, हमारे भीतर की शांति थोड़ी और गहरी हो जाती है,
और हमें महसूस होता है–
कि निर्वाण,
वह एक गंतव्य नहीं,
बल्कि एक निरंतर प्रक्रिया है।
योग, हमें उस रास्ते पर चलने की शक्ति देता है,
जो निर्वाण के करीब है,

जो कभी न खत्म होने वाली यात्रा है,
जहाँ हर कदम हमें हमारे असली रूप के और करीब लाता है,
जहाँ हम पूरी दुनिया को एक परिपूर्णता के रूप में देखते हैं,
जहाँ कोई दूरी नहीं, कोई भेद नहीं,
केवल एकता है।

निर्वाण की झलक,
वह हर सांस के साथ बढ़ती जाती है,
हर श्वास के साथ उसमें विसर्जित होते जाते हैं,
जब हम खुद को,
अपने संघर्षों, अपनी चिंताओं को,
पूरी तरह से स्वीकारते हैं,
तो हमें महसूस होता है कि
हम कभी भी उस अवस्था में पहुँच सकते हैं,
जहाँ दुख का कोई अस्तित्व नहीं है,
जहाँ हर विचार शांति की ओर बढ़ता है,
जहाँ हम पूरी तरह से एकाकार हो जाते हैं–
निर्वाण की झलक,
जो कभी खोती नहीं,
केवल और गहरी होती जाती है,
जैसे अंधेरे के बाद,
प्रकाश का आना।

योग: मोक्ष की प्राप्ति

मोक्ष की प्राप्ति कोई गंतव्य नहीं,
यह एक जागरूकता है–
एक गहरी समझ,
जो न शब्दों से बनती है,
न विचारों से।
यह उस क्षण का अनुभव है,
जब हम समझ पाते हैं,
कि हम कभी कैद नहीं थे।
हमारे भीतर की हर जंजीर,
हर बंधन,
हमारी आत्मा ने स्वयं ही खड़ा किया था।

मोक्ष वह स्थिति नहीं,
जो किसी अदृश्य द्वार से होकर मिलती है,
यह हमारे भीतर के बंधनों से मुक्ति है।
जब हम अपने अस्तित्व के रहस्यों से
सामना करते हैं,
जब हम स्वीकार करते हैं,
कि हम एक ही स्रोत से उत्पन्न हुए हैं,
तब मोक्ष की प्राप्ति होती है।

योग, हमें यही सिखाता है–
न तो कुछ प्राप्त करना है,
न कुछ खोना है।
योग हमें यह दिखाता है
कि जो हम ढूँढ रहे हैं,
वह कभी हमारे भीतर से बाहर नहीं था,
यह हमेशा हमारे भीतर था,
बस हम उसे देख नहीं पाते थे।
मोक्ष, उस अनदेखी धारा की तरह है,

जो हमें सदा से घेरे हुए थी,
लेकिन हम केवल उसके इर्द-गिर्द दौड़ते रहते थे।

जब हम सांस में लय और शांति पाते हैं,
जब हम अपनी मानसिक हलचल को शांत करते हैं,
तो हम यह महसूस करते हैं–
मोक्ष न तो एक उपलब्धि है,
न ही किसी पुरस्कार की तरह है,
यह केवल एक एहसास है,
यह हम हैं,
हमारे सच्चे रूप में।

योग, यह हमें हमारे भीतर के आकाश में उड़ान भरने का अवसर
देता है,
यह हमें दिखाता है कि हर आघात,
हर चुभन,
सिर्फ हमारी आत्मा का एक अनुभव है,
जो हमें अंततः हमारी सच्चाई तक पहुँचाता है।
जब हम पूरी तरह से उसे स्वीकार कर लेते हैं,
हम हर रूप में,
हर विचार में,
हर एहसास में,
खुद को स्वतंत्र महसूस करते हैं।

मोक्ष वह शांति है,
जो चुपचाप हमारे भीतर बसी होती है,
हमसे बात नहीं करती,
फिर भी हर समय हमें सहारा देती है।
यह न किसी भविष्य में है,
न अतीत में–
यह केवल इस क्षण में है,
जब हम इसे महसूस करने के लिए पूरी तरह से खुल जाते हैं।

और योग, वह साधन है,
जो हमें इस क्षण तक पहुँचाता है,
जहाँ हम समझते हैं–
न हम शरीर हैं,
न हम मन,
न हम इन सब ध्वनियों के बीच हैं–
हम केवल शुद्ध चेतना हैं,
जो किसी भी बंधन से परे,
निरंतर स्वतंत्र है।

मोक्ष की प्राप्ति,
यह न कोई लंबा सफर है,
न कोई दूर का स्थान,
यह हमारी समझ का विस्तार है,
यह एक ऐसा क्षण है
जब हम स्वयं को पहचानते हैं,
हम अपनी सारी सीमाओं से बाहर निकलते हैं,
और हम उस शाश्वत सत्य को अनुभव करते हैं,
जो हम हमेशा से थे,
जो हम हमेशा होंगे।